对话

与新生代员工相处之道

林 峰◎著

山东友谊出版社 · 济南

图书在版编目（CIP）数据

对话：与新生代员工相处之道 / 林峰著 . — 济南：山东友谊出版社，2020.10（2023.4 重印）

ISBN 978-7-5516-2213-4

Ⅰ . ①对… Ⅱ . ①林… Ⅲ . ①企业管理－人力资源管理 Ⅳ . ① F272.92

中国版本图书馆 CIP 数据核字 (2020) 第 192170 号

对话：与新生代员工相处之道

DUIHUA : YU XINSHENGDAI YUANGONG XIANGCHU ZHI DAO

责任编辑：王　苑
装帧设计：刘洪强

主管单位：山东出版传媒股份有限公司
出版发行：山东友谊出版社
地址：济南市英雄山路 189 号　邮政编码：250002
电话：出版管理部（0531）82098756
发行综合部（0531）82705187
网址：www.sdyouyi.com.cn
印　　刷：山东省东营市新华印刷厂

开本： 889mm × 1194mm　1/32
印张： 6.25　**字数：** 150 千字
版次： 2021 年 1 月第 1 版　**印次：** 2023 年 4 月第 2 次印刷
定价： 39.00 元

前言

笔者从事企业管理工作多年，在几个大型的外资企业和民营企业中工作过，很多以往的同事现在也分散在各种企业、机关中，担任着或大或小的管理职务，大家时常会小规模地聚一聚，聊聊一些工作中的问题和趣事。在与大家聊天的时候，我发现虽然我们身处不同的行业，但都遇到了一个共性化的管理问题，即以往觉得管理者只需将工作重心放在具体事务上，在员工的管理上不用花太多心思，而现在的情况则有所不同了。虽然大家也一度觉得“80后”员工难以管理，但我们这些“70后”的管理者还是能够凭借着以往积累下的管理经验磕磕绊绊地对付过来，不承想随着以“90后”为主体的新生代员工大量涌入职场，这些所谓的“经验”就逐渐不再适用了，整个社会与新生代群体之间的代际冲突也比以往任何时候都要激烈，管理者们不得不分出很大一部分精力来处理这些人事问题，并且普遍觉得找不到以往那种得心应手的感觉了，所以在交流的时候，大家都在思考是不是需要改变我们之前固有的管理思维和相应的管理策略。

其实，这一问题得以产生的核心原因，就是时代的发展、信息传播渠道与人们知识结构的改变所带来的社会关系和组织结构的一系列嬗变，这其中就包括新生代员工与管理者之间关系的转变。所以，我们在面对一个崭新的问题时，如果还试图以旧观念、老办法去认知、处理，则无异于刻舟求剑。

那么，我们这个社会到底发生了怎样的转变？在这样一种新的情境下，新生代员工与管理者之间的关系较以往有何不同？鉴于这种差异，管理者又该如何调整管理策略与管理手段，来获得理想的管理成效？……这些想必是很多人非常关心的问题。

在本书中，笔者就以自己多年积累的丰富的一线管理经验为基础，辅以相关的理论阐释，从“代际关系”“需求层次”“角色意识”等概念入手，去揭示新生代员工与管理者之间的关系究竟发生了怎样的改变，并抉发其深层根源；同时，剖析“对话”这一与新生代员工相处的“核心策略”，从新生代员工的竞聘、入职，到其融入组织、产生认同，直至形成责任意识、敬业精神，分步骤地为读者提供可资借鉴的管理思路及相应的管理方法，希望对心存困惑的读者能有所启发与助益。

当下，随着以“90后”为主体的新生代员工不断涌入职场，管理现状已经开始倒逼着我们将以往的管理模式升级。对此，我们必须做好足够的心理准备，一起来了解和迎接这一重大的转变。

目录

社会为新生代员工贴上的负面“标签”

正所谓“知己知彼，百战不殆”，管理者要管理新生代员工，首先得对他们有足够的了解。这一点似乎并不困难，因为当今社会已经给以“90后”为主体的新生代员工贴上了一些负面“标签”，概括起来，其特征有以下几点：

◎ 上下级观念模糊，对领导缺乏尊重

让很多管理人员感触最深的一点就是，“90后”员工似乎普遍不怎么把领导放在眼里，不仅见面不主动跟领导打招呼，甚至一高兴就好拿领导来调侃打趣。读者中如果有与“90后”员工共事的，相信或多或少都有被“怼”过的经历吧？

我有一个朋友在一家信息技术公司担任客户经理，他就跟我说起过，他有一次在和技术部门的员工开会的时候，一个年轻人当场“怼”他：“我最烦你们这些不懂技术的人，整天只会无聊且重复地站在客户的角度来讲！产品都还没上线，哪来的客户？还不是你们自己怎么想就在这里怎么讲！”

我那朋友反问：“这不是基于我作为客户经理所积攒的经验而做出的假设吗？”

年轻人说：“对呀，还不就是假设吗？那我问你，你作为一个

‘70后’，又凭什么以你的经验来预判‘90后’的客户呢？我们不是一代人啊！”

我的这位朋友在跟我说这件事的时候相当郁闷，一边喝酒一边叹气：“‘怼’回去吧，显得咱气量小；不‘怼’吧，又实在憋得难受。”

◎ **规则意识淡薄**

职场中有很多保证组织有序运作的规则，这些规则有的是成文的规章层面的，比如企业制度、操作规范、员工守则等；有的是不成文的文化层面的，比如接待客户时的礼貌用语、宴请时的主客座次、倒酒或敬酒时的礼节等。对这些约定俗成的规则，员工都应该谙熟于心，不用领导再做特别强调。但新生代员工则往往“特立独行”，对这些规则常常置若罔闻，依旧我行我素。比如，我们公司曾明确要求，员工对自己的薪资应当保密，但还是有一些年轻的员工时常随意地在微信朋友圈里“晒”自己的工资：“一个月辛苦下来，就这么点儿工资，还信贷都勉强。这个月又要‘吃土’了！”

有时候，我和年轻的同事一起出差，中午在对方单位的食堂吃个简餐。出于礼貌，对方负责接待的经理会主动为我盛饭——毕竟我算是以“老师”的身份来这儿的。但与我同来的年轻同事就不会主动站起来说“我来，我来”，而是大模大样地坐在那里。每当这时，我总能感受到对方单位经理内心中的挣扎：要不要给这个年轻人盛饭呢？因为不盛显得不客气，盛又实在觉得不合规矩。

◎ 眼高手低，但自尊心极强，受不得批评

由于新生代员工的职场规则意识确实薄弱，而且工作经验也不是那么丰富，所以在开展具体工作的时候，他们就不是那么容易让领导满意。有时候，对于他们工作中出现的问题，领导势必要予以批评指正，但他们的“玻璃心”就会在这时呈现出来，或者强调理由，或者闹情绪，甚至撂挑子。

当下，很多高校教师都在为一个问题纠结——对学生在学业中产生的问题，应该采取何种态度。一派人认为，站在教师应对教学质量负责的立场进行考量，教师对这些问题应该从严对待；另一派人却认为，对于那些虽不严重却易生争端的问题，教师则不妨略加回避、示以优容，毕竟大学校园更需要一种相对宽松的学习氛围，较之授业，教师更应重视树人，所以教学的侧重点应该放在方法上而非结果上。

◎ 过于自我，缺乏团队精神

且不论新生代员工的家庭条件是否足够优越，但至少他们的父母在他们的成长过程中都付出了自己的全部心力，对他们满足得多、要求得少。所以这些新生代员工往往都表现得比较自我，总是按照自己的心情和理解方式来处理职场中的各种事务。

之前，某出版社要帮我出一套音像制品，便派了一些销售助理

跟着我，在我上课的过程中，如果有学员对这音像制品感兴趣，销售助理就会为其提供相关服务。

这其中，有一个年轻的销售助理经常迟到。有一次，客户单位说好派车来接我，我与这个销售助理约好第二天早上七点半在我家门口集合出发，但那天我在到达约定地点后迟迟等不来人。最后，我终于按捺不住了，便给他打电话询问，他却说："对不起林老师，路很堵，我还得有十几分钟才能赶到。要不您先走吧，等会儿我自己打车过去。"虽然他明明知道自己肯定是要迟到的，却想不到提前给我打声招呼。

◎ **缺乏工作热情与责任心**

像我前面说的这种明知会迟到却不知提前通知的销售助理，我前前后后碰到过几个，但考虑到这是职场新人的"通病"，所以我也便忍了过去。直至有一回，都到了讲课中场休息的时间，那位销售助理依旧没到，我实在气不过，便打电话询问。电话那头传来了一阵刻意的咳嗽声："老师，对不起，我今天身体不好，无法在中场休息时赶到了。不过您放心，在下课之前，我一定会赶到的。"

我火了，直接对他说："那你干脆别来了！"

我当时就给出版社打了电话过去："你们给我换一个人吧。迟到不要紧，不来也没有关系，但他得提早通知我呀，这样的话，我这里还能提前做个准备。可是他呢？临时不来了，也不主动告知我，见我打来电话就随便找个理由搪塞我，这是在侮辱我的智商吗？"

后来，我对此事做了一下分析，觉得只有两种可能：第一，这位销售助理根本就没生病，纯粹是自己误了时间，所以借故推脱；第二，他并没有把这项工作当回事，也没把我这个老师当回事，所以才在工作中这般轻忽怠慢。但无论是哪种缘由，这种行为都是我不能容忍的。能力弱一点不要紧，因为这可以慢慢提升，但是若缺失了最起码的责任心与诚信，就实在令人难以接受了。

新生代员工的自我“标签”

情绪发泄完了，让我们冷静下来想一想：是不是新生代员工就一无是处了呢？那肯定不是。因为他们自有独特的优势、特长，也有一些自我“标签”。

◎ 学习能力强，接受新事物速度快

新一代的年轻人是在信息社会中长大的，从小接受的信息量就非常大，所以他们的信息处理能力非常强，特别是对于数码产品等高科技事物，他们基本上是一上手就会。所以大家注意到没有，现在电子产品的说明书已经越来越薄了。在我们年轻时，手机的配套说明书得有三本护照摞起来那么厚，而现在呢，有三个折页也就差不多了。因为当今的年轻人基本上是不用看说明书的，新产品上手一摆弄，差不多就会用了。

当年，我的女儿报考中国美术学院，要考一门专业课叫“音乐理论”，她就只用了一个月的时间自学通关，这令我对她刮目相看。

◎ 文化程度普遍较高，兴趣爱好广泛

“60后”干部们的本科、研究生等学历，很多都是在职教育的成果。而受惠于国家的高校扩招政策，对于“90后”而言，本科则往往是他们的基本学历，并不算高。

而且，“90后”们的成长正好伴随着各类课外辅导班蓬勃兴起、遍地开花的过程，他们从上幼儿园起就被爸爸妈妈领着参加各类才艺培训班，吹拉弹唱、琴棋书画，全面发展。所以，他们多多少少总有一些技能，很多人的才艺素养颇高，甚至还有不少人被称为“斜杠青年”——他们会在履历表里把自己所有的才艺都罗列出来，然后用斜杠加以分割，如“网页设计 / 展会策划 / 视频剪辑 / 糕点烘焙 / 跆拳道黑带 / 钢琴十级……”

一个五星级饭店的总经理助理曾经在他的微信朋友圈里发过这么一条内容：管理“95后”，真的太难了。你得懂插花，比如下图中的插花就出自某实习生之手，得会茶道，得会拍 Vlog，还得会念经！日前，我在某部门一位女员工的桌上看到了四册《周易全书》。昨晚值班，我见到那妹妹又多了本竖排版的《易经》，其学习精神令人钦佩。

◎ 遵守公共规则

上文中提到的社会为新生代所贴的负面“标签”中，就有“规则意识淡薄”这一条，但这么说其实还是有点儿片面的。因为在他们出生的年代，各种社会规则就已经比较完善了，同时，得益于幼儿园、小学对相关公共规则教育的重视，所以“90后”们自小就形成了遵守社会公共规则的意识，比如过马路时遵守“红灯停、绿灯行”的交通规则，再比如乘车、购物须排队，等等。

我们“70后”这代人大多是“实用主义者”，反映在行为模式上，就是我们偶尔会打个“擦边球”什么的。比如说过马路，有时候，只要不是在车流量大的主干道上，我一般会左右张望一下，见没有行驶过来的车辆就打算小跑着横穿过去，而女儿则会在后面拽住我的衣服喊：“红灯！红灯！”

女儿在大学毕业准备读研的那个暑假，偶尔会与我们一起陪着家里的老人们外出旅游。出发前，我让她把学生证带上，因为凭学生证可以买优惠票。

她说：“大学毕业了，学生证就不能用了。”

我说：“谁会看得那么仔细？能省钱为什么不省？”

她说：“这样多丢人啊！要不你们就买你们的票，我的票我自己买吧。”

“怼”得我瞬间脸上青一阵白一阵，恨不能找个地缝钻进去，为人父的尊严荡然无存。但转过神来仔细一想，女儿的话一点问题都没有，有问题的是我，是我不遵守公共规则，真是惭愧啊！

所以，遵守社会公共规则是新一代年轻人的一个最显著的优点。

◎ 超前消费，追求高质量的生活

毕业了，女儿把学校宿舍里的东西都搬回了家，我从中发现了一只非常精美的“星巴克”咖啡杯，便问她：“谁送你的呀？”

她眼皮一抬：“非得别人送吗？是我自己买的。”

我说：“这杯子不便宜吧？”

她说：“还好，两百多。”

我听了，刚想说什么，却被妻子用眼神制止了。但我还是觉得自己作为家长，有必要教教她什么是“精打细算”、什么是“勤俭节约”，于是我稍后就在“淘宝”上买了一个29元的杯子拿给她看：“你看，这杯子是不是与你那两百多元的差不多啊？”

“哟，还不错！”她拿过去把玩了一会儿递还给我，“就先不跟你说品牌了。你看，你这个杯子在靠近把手的地方有三个小白点，说明这是个烧坏了的次品。”

我说：“一点点瑕疵而已，并不影响我使用啊。”

她说：“对呀，这就是问题所在。既然这样，那你何必买29元的呢？买个9元的一样不影响你使用啊！”

又当场“怼”得我直翻白眼。我正在头脑中组织着语言，想怎么才能既有效地反驳她，又显出宽大的气度，不料她却直接说：“对不起，我就是有这种‘强迫症’！”说完，便捧着她的“星巴克”杯子进自己房间去了。

“蚂蚁金服”于2015年4月专门推出了一款消费信贷产品，取名“花呗”。申请开通后，用户会被授予人民币500元—50000元不等的消费额度，免息期最长可达41天。前期，“花呗”主要被用于天猫、淘宝，受到以“90后”为主体的消费者的欢迎。有数据显示，“80后”“90后”用户的数量占到“花呗”用户总体数量的85%以上。为了更好地拓展业务，“花呗”还逐步打破了购物平台的限制，将服务拓展至线上线下等更广阔的消费领域。至于“蚂蚁金服”将该消费信贷产品定名为“花呗”的原因，我想，应该就是他们想以此来迎合目标消费者即“90后”的消费理念。

对新生代而言，超前消费、预支未来是他们普遍持有的消费观。2018年，汇丰银行的一项调查显示，“90后”上班族的平均负债是月收入的18.5倍，人均负债则高达12万。各种嗅觉灵敏的“小微贷”APP早就在年轻人甚至学生群体中蔓延开来，为他们的预支消费推波助澜。

其实，除了超前消费，“90后”的理财能力也不容小觑。比如我女儿，从小学五年级起，她就开始按自己的想法管理压岁钱了。那一年，过完春节后，我们问她压岁钱是否可以上交了，她却要求我们替她把压岁钱存银行。我们听了，惊诧地说：“不是之前说好放在我们这里给你炒股票吗？”她却慢条斯理地说：“吃饭时总听你和妈妈两个聊今天股票又亏了多少，所以我决定不让你们帮我炒股了，我的压岁钱还是存银行比较放心。”说得真是令人哭笑不得。

◎ 崇尚自由平等，勇于挑战权威

受成长环境的影响，新生代员工大多崇尚思想自由，漠视权威——频繁的跳槽正是他们对以往家长式、高压式的管理模式的反叛。相较而言，他们更喜欢在一种轻松、平等的环境中工作，哪怕是跟领导，也可以像跟哥们儿一样时不时地开个玩笑。

有一次，我应邀给一家文创公司做培训，这家公司的老板是个“70后”，人不错。培训期间，他早上派车把我从杭州市区接过去，上完课、吃过午饭后再把我送回来。吃午饭的时候，我和这位老板边吃边聊，一旁的司机看时间差不多了，就来到我们这桌，找了个空位坐下了。当时，老板颇显豪气地对他说："过会儿还是麻烦你负责把林老师送回去。周六周日这两天，我的车就归你了，你想怎么用就怎么用！"

那位年轻的司机马上跟老板打趣道："这可是您说的，那我可就把车开回东北老家了！"

"70后"们大多是实诚人，所以这位老板当时就不知该如何接口了，整个人愣在了那里。幸好边上有位年轻的员工马上"怼"了回去："没问题啊，只要你周一按时回来上班就行！"这就是"90后"们习惯了的"互怼模式"，"70后"们根本跟不上这样的节奏。

或许有的读者看到这里就有点不耐烦了："那我们选对人不就行了吗？总有肯听话的员工。"这话听着是没错，但我还是要给大家讲一则网上流传的笑话。有位年轻的妈妈对自家孩子说："我真后悔当初把你从垃圾桶里捡回来。你再这么不听话，妈妈就把你扔了，再捡一个听话的回来。"孩子却说："你扔吧，我不怕！你能捡到的也是因为不听话而被人家妈妈扔出来的。"

怎么样，你"打"不过我吧？我们新一代的年轻人就是这么强大！所以说，代际属性是一代人的共性，而对于新生代员工的"桀骜不驯"，年长的管理者一定不能钻牛角尖，而是要认真思考，看怎样才能把面儿上的问题有效地解决。

代际关系

要弄清为何新生代员工多对上一代人的价值观不尽认可，单从他们的“标签”上来看是远远不够的，我们还需要深层次地、理论性地看待这个问题。

由于人们所处时代政治体制、社会环境的差异，以及自身家庭条件、受教育经历的不同，一个时代中成长起来的人，无论在需求层次、生活态度上，还是在行为模式上，都会与生长于其他时代的人不同，这种差异可以被称为“代际冲突”，也即我们常说的“代沟”。

美国人类学家玛格丽特·米德在1970年出版的重要著作《文化与承诺——一项有关代沟问题的研究》中，为我们揭示了人类社会中文化传承的三种模式。对这三种模式名称的翻译，历来有很多种，本书采用最常见且认可度最高的一种，即“前喻文化”“互喻文化”与“后喻文化”。

◎ 前喻文化时代

所谓“前喻文化时代”，我认为也可以理解为“已证文化时代”，就是某种文化被证实、被认可、被普遍接受并成为主流的时代。在这一时代中，社会保持稳定，变化难被察觉，未来的发展趋势也相对容易被预知。而且，在这一时代中，信息的获取成本很高，比如在唐代，人们获取书籍的途径还基本依赖手抄，在敦煌莫高窟藏经洞中保存下来的文献里，就记录了唐人抄写佛经的报酬，如抄《药师经》一卷，酬金为一吊钱也即一千文。即便到了印刷术全面普及的清代，一部只有40页的《元气集》，其成本价也有16两白银。在清代，“银本位”的金融体系占据主流地位，那时全世界的白银流向中国，最终导致通货膨胀、银价下跌，但即便按一两银子折合现在的人民币150元—200元来估算，这本书的价格也大致在2400元人民币左右。

由上可知，在“前喻文化时代”，老年人的社会价值非常高，因为他们代表了阅历与经验。年轻人需要多学习长辈们的经验，汲取长辈们的教训，正所谓“祖宗之法不可变”。大至祭祀先祖、祭奠圣人的盛典，小至举家团圆、敦宗睦族的礼节，其本质都旨在维系这种敬祖尊长的文化传统并使之得以延续下去。那些遍及乡野的宗族祠堂中的牌位，就是权威的象征、真理的代言。

◎ 互喻文化时代

所谓“互喻文化时代”，也可以理解为“互证文化时代”，就是某种文化并未完全定型、尚需依靠他种文化旁推互证的时代。在这一时代中，社会的变化开始加快，未来不再是一眼就能望到头的，而前方也出现了各式各样的岔路口。在这一时代中，“胆大做将军”，敢于第一个吃螃蟹的人往往能成为成功者，成为时代的弄潮儿。当年杭州市上城区紫阳街道办事处为了解决刑满释放人员就业难的问题，便在杭州火车站广场对面搭建了一些商铺，让他们卖点儿烟酒果品、报纸杂志之类的自谋生计，不料这一举措竟使一批人先富了起来。

在“互喻文化时代”，像“万般皆下品，唯有读书高”这样的被统摄于传统价值观下的“晋身之术”已不再是通向成功的唯一路径，此时最流行的一句话则是“搞导弹的比不上卖茶叶蛋的”。所以，不少年轻人相当迷惘，因为他们已经无法单纯依赖老一辈传授的经验来使自己做出正确的选择，而是需要凭借自己的实践与经历来探究真理、判断方向，并横向发现同辈成功者身上的可取之处。于是，在这一时代中，“敢为天下先”者频繁出现，而如“山不过来，我就过去”这样的励志金句也的确激励了这一代人。

◎ 后喻文化时代

所谓“后喻文化时代”，也可以说是“未证文化时代”，就是某种文化尚未定型、尚未被社会大众普遍接受的时代。在这一时代中，科技高速发展，社会日新月异，信息铺天盖地。由于年轻人对新生事物有着天生的敏锐感，故而他们俨然掌控了新的话语权并成了新的权威。于是，尊卑有别、长幼有序等传统观念悄然发生了改变，年轻人对年长者唠唠叨叨的那一套嗤之以鼻，年长者有时不得不反过来向孩子“学习请教”。

我的岳父以前在单位大小也是个干部，在家里多少也摆点架子，我和我妻子处对象的时候，他也会时常对我进行一番“指点”。二十年过去了，现在，老人家却被一个智能手机搞得有点“智商余额不足”的样子。我们每次去他家，话没说几句，他就进卧室把手机拿出来对我女儿说："我最近又遇到了三个问题，你来帮我看看是怎么回事。"呵呵呵，真是令人感慨"世道轮回"啊！

◎ 踏准节奏，顺势而为

这里需要特别强调的是：人类文化的这种传承模式并非是由人们自主决定的，而是受制于"社会的发展速度"和"未来的可预期性"这两个因素。为什么玛格丽特·米德在20世纪六七十年代就开始注意并研究这样的问题？就是因为当时的美国人已普遍受到繁荣经济与自由思想的影响。美国的管理者们早在20世纪70年代就已经遇到了我们当前所遇到的问题，即怎么去管理这群桀骜不驯的年轻人。由此可知，每个时代都有其独特的内部发展规律，人们只有顺势而为，才能踏准节奏，正所谓"识时务者为俊杰"。而作为管理者，我们只有清楚地认识到不同时代的不同特点，才能在管理思维和管理策略上做出有效的转变与调整。

当然，每个时代中都会有一些不按套路出牌的人，比如北宋政治家王安石，在我看来，其"天命不足畏，祖宗不足法，人言不足恤"的"三不理论"，就一口气将上述三种文化都否定了。因为"天命"揭示的是未来，所以"天命不足畏"就相当于否定了"后喻文化"；"祖宗"代表的是过往，所以"祖宗不足法"就相当于否定了"前喻文化"；而"人言"则象征着当下，所以"人言不足恤"就相当于否定了"互喻文化"。不得不说，王安石的确是个伟大的思想家，谁都不服，就服自己，很有点儿当下"90后"的劲头。但可惜的是，这位大思想家最终还是被现实撞击得鼻青脸肿，落得抱负成空的惨淡结局。

所以，法国哲学家奥古斯特·孔德说："社会的进步是以终结，或者说以人类社会的不断更新为前提。"倘若说得通俗一点，这句话的意思就是社会的进步在于这一代人走出了上一代人为他们划定的所谓的"舒适区"，打破了原有思想的禁锢，选择改变自己，最终拧成一股推动社会变革的合力，正所谓"长江后浪推前浪"。

对组织而言，道理也是一样的。如果不尊重时代的发展规律，不思改变，不思进取，那么再强大的组织也会被时代无情地淘汰。我记得二十多年前，我使用过的最早的一款数码相机是"柯达"牌的，这种相机是以当时人们办公时普遍使用的3.5英寸软盘来存储数据的。当时3.5英寸软盘的存储量是1.44MB，这是什么概念呢？就是每张软盘中只能存储两张照片，所以我若出去看市场、拍照片，就得带着一挎包的软盘出去。话虽如此，但在当时，一个人能有这样一款相机，也已经是非常"牛"的了，因为拍回来的照片马上就能被导进电脑，制成PPT，这比胶卷相机不知强了多少倍。但为什么现在"柯达"在各品牌的数码相机中已经几乎不占一席之地了呢？这是因为当时彩色胶卷的市场实在太大了，作为胶卷业的"老大"，"柯达"考虑的是如何让胶卷市场变得更大，以致忽视了数码时代即将到来的巨变，故而"柯达"虽先于其他公司成功研发了数码相机，却并没有将其作为未来公司的主打产品。而在数码时代悄然来临后，"柯达"才猛然发现"索尼""三星"已纷纷把握了先机、瓜分了数码相机的市场份额，自己想再发力，为时已晚。于是，"柯达"只能眼睁睁地看着曾经遍布大街小巷的胶卷冲洗店纷纷关张却束手无策，因为数码相机早已渗透了人们的日常生活。而随着集多种功能于一身的智能手机的强势崛起，卡片式的傻瓜数码相机也逐渐“无可奈何花落去”——照相机这一类型的商品已从日常生活中的大众消费品，逐渐沦为专业领域内的小众消费品。

我们都知道，当今社会是一个高速发展的社会，在这样的大趋势下，我们若落后一步，可能就意味着将被淘汰出局。所以，我们唯有保持清醒、敏锐的头脑，随时关注时代变化对组织产生的影响，并适时转变、调整管理思维与管理策略，才能踏准时代的节奏、获得顺利的发展。

代际关系下的管理手段

在不同的文化传承模式下，组织中的核心管理手段也有较大的差异，而自1949年中华人民共和国成立至今，中国社会正好用了70来年的时间，实现了三个跨越，堪称一个映照了这一文化变迁的经典样板。

◎ 以控制为主的管理模式

从中华人民共和国成立初期到改革开放政策实行之前，在这一时期内，无论是国家就业环境、社会保障制度，还是大众生活方式，变化都不大。长辈们是绝对的权威，他们的经验对年轻的一代起着至关重要的示范作用。从某种程度上来说，父母的命运影响着孩子的命运。大家听说过“顶职”这一说法吗？就是孩子高中毕业了，其爸爸或妈妈就可以提前退休，把自己在单位里的工作岗位腾出来，让自己的孩子顶上去。在这种情况下，爸妈干什么，孩子也就干什么，如爸爸是钳工，那么儿子也是钳工，妈妈是售票员，那么女儿也是售票员。所以在那个时代，管理的主要方式是“控制”，或者叫作“家长式”管理，很多单位采取了一种上下级界限明确、令行禁止的高度集权的控制式管理，“一切行动听指挥”就成了那个时代中的最强音，甚至，由这种工作氛围所塑造的一些个人行为，都会极大地影响着社会文化。比如，大家可能会觉得奇怪，为什么在中国，互相递烟是烟民们的惯常动作呢？这其实就可以被视为富有中国人情特点的“职场礼仪”的一种表现。

家长式的管理模式是一种在文化发展水平较低、社会生产力较弱、社会分工不细致、群体结构简单、规则秩序尚未定型的社会环境下衍生出来的管理模式，在某种程度上的确适合之前以农业生产为主流生产模式的中国社会。但在现代社会，随着原有生产模式的转变，社会组织形式也发生了重大改观——个体在社会中的生存能力获得了极大的提升，对以家族为代表的集体的依赖度越来越低。所以，以“控制”为主要特点的“家长式”管理方式也将逐步退出历史舞台。

◎ 以指导为主的管理模式

1978年，中国共产党十一届三中全会召开，我国逐步开启改革开放的新时期。大量涌入的西方自由主义思想对中国传统文化产生了强烈的冲击，形形色色“一夜暴富”的案例在刺激着年轻人改变自己的思维模式和行为模式。此时，虽然大家更倾向于在同辈成功者中寻找榜样，但父母的权威并未完全消失，故而在那个时代中，核心管理方式是“指导”。

在我上学的时候，“重理轻文”的观念还很盛行，当时社会上流传着一句话：“学好数理化，走遍天下都不怕！”我小学毕业升中学的时候，参加市里的会考，考试成绩出来以后，我们的班主任当着全班同学的面不无遗憾地说："林峰啊，你的语文成绩要是能给张勤勇的话，他就能上重点中学了！"当时，我虽口中称是，但心里直犯嘀咕：凭什么把我的成绩给他？他的数学成绩要是能给我的话，我不也就上重点了吗？太不把文科尖子生当尖子生了！

到了考大学选专业的时候，我本想顺应自己的喜好，报考文史类专业，但在教育局工作的父亲却极力劝说我报考理工类专业，因为他认为理工科学生毕业后找工作更容易。见我固执己见，父亲便神不知鬼不觉地与我的班主任"串通"上了，于是班主任又特地找我谈话，为我做了"客观的"分析与"深入的"的指导，最终说服了我报考理工类专业。

其实，每个时代都有一些为大众普遍认可的价值观，当整个社会都秉持某种观点的时候，当这个时代中的尊长、权威们以此对你做出相应的指导的时候，虽然称不上强迫，但以个人之力还是很难与之抗衡的——于父母子女间如此，于领导员工间亦如此。

◎ 以对话为主的管理模式

在当下这个由互联网、信息经济、消费新潮流与流行文化编织起来的全新的世界中，老年人的思想和经验已经变得多少有些落伍，传统价值观的教育也日渐显得苍白无力。年轻人基本上无须再向老人学习，有什么问题需要解决就直接从各种专业的网络社区中搜索相关的信息。网络的普及极大地降低了获取知识和经验的门槛，比如，以前我的电脑坏了，我都要带着它去电子市场修理，而现在基本足不出户点点鼠标就能解决。不久前，我的电脑开不了机了，正好我也有换电脑的想法，这在以前，我可能需要先去电脑城，把旧电脑中的资料拷贝出来，而现在，我直接在“淘宝”上花了二十多元钱买了一个硬盘接口，把旧电脑的硬盘拆下来接上，一个“移动硬盘”就这样做好了，旧电脑上的所有资料都在里面。再比如，之前我们在成家之后需要自己学着烧饭了，有什么菜不会做，都要打电话向长辈咨询：“妈妈，这个甲鱼要蒸多久才能熟啊？”现在，对于这样的问题，年轻人完全可以直接在网上搜索答案。所以老年人的“价值感”日渐弱化，残酷的竞争、飞速更新的知识、不断涌现的新事物已让老一辈常常无力从容应对，除非主动向年轻人学习，否则他们就只有无奈地退居边缘。而年轻人通过对过去的反叛，也逐渐树立起了面向未来的全新的权威标准。因此，两代人之间关系的重构，以及管理模式的重建，就只能通过双方对话的方式来实现。

但这种“对话”的建立过程是曲折的。由于社会已普遍为新生代群体贴上了负面的“标签”，故而年长者往往会自然而然地将冲突的产生归咎于年轻人的不懂事，这不仅使其“内省模式”始终无法开启，亦促使他们将以“控制”和“指导”为核心的外部管理的力度不断加强。不言而喻，这种情况最终会导致代际冲突的激化。

◎ 珠三角地区的“员工荒”

我们要明白，时代已经发生了改变，管理者面对的管理对象也同样如此，所以管理者原先惯用的、以“控制”为主的管理模式就变得不合时宜了。在中国制造业率先获得发展的珠三角地区，早已出现了“员工荒”现象，很多企业都面临着招不到工人的窘境。这固然是由于各地经济都已开始发展，新农村建设也初见成效，越来越多的年轻人渐渐倾向于留在家乡工作，但还有一个重要原因不应被大家忽视。通过调查统计，我们发现，以往来珠三角地区应聘的工人，以来自湖北、湖南、广西、江西、安徽等水稻种植区的居多，而来自西北、东北地区的则比较少。那是不是西北、东北地区的人就不出来打工呢？也不是，只是他们更倾向于选择出租车、餐饮、娱乐等行业——这其实就是地缘因素的影响。几千年来，生长于水稻种植区的人大多认为辛勤劳作是获得丰厚回报的有效手段，同时也习惯了这样的劳作模式，所以他们不仅对机械的、高强度的劳动能够理解，而且也表现出了较强的耐受力，从而能够适应类似“富士康”这样的劳动密集型企业。而在西北、东北地区，几千年来，人们更多是靠天吃饭，也更喜欢选择相对自由的、无约束的工作形式。只是，随着中国农业的发展，在日益规模化、机械化的农业生产模式的影响下，传统水稻种植区的新一代年轻人不仅逐渐丧失了祖辈们那种对高强度工作的耐受力，也转变了祖辈们原有的择业方向——这才是珠三角地区“招工荒”问题产生的深层次原因。

前几年热播的历史侦探悬疑剧《神探狄仁杰》中有这样一句台词：“元芳，你怎么看？”这句台词于不经意间红遍了中国的大江南北，也在新一代年轻人中引发了强烈共鸣，因为他们这代人从内心深处讨厌说教、欢迎对话。现在，很多视频平台上的短视频都会以“小伙伴们，你们怎么看”作结，这一现象也在一定程度上说明了这个问题。

所以，对于新生代员工，管理者们要改变原有的管理方式，放弃原先的对立立场和控制手段，将他们从“异类”的“封印”中解放出来，给予其应得的话语权，放下“权威者”的架子，尝试着多去主动了解年轻人，加强双方间的沟通交流，将他们视为值得自己学习的合作者。这正如玛格丽特·米德所言：只有当两代人真正认识到这条深深的代沟存在的事实，交流才有可能建立；只有成年人用自己青年时代的所作所为来理解眼前的年轻人，对话才能成为可能。

从需求层次看差异

要真正与新生代员工进行有效的对话，管理者还必须深入了解他们的思想、需求与管理者的到底有什么不同。

◎ 马斯洛需求层次理论

美国社会心理学家亚伯拉罕·马斯洛在其1943年出版的《人的动机理论》中提出了著名的需求层次理论。他认为，人的需求从低到高依次分为生理需求、安全需求、社交需求、尊重需求和自我实现需求五种。这一理论的核心内涵，即一个人只有在下一级需求获得满足之后，才会去寻求上一级需求的满足。举个生活中的小例子：

我开车时有个习惯，如果前方是红灯，大家依次在车道内列队等待绿灯放行，我排在中间位置。好，绿灯了，前面的车辆依次开过路口，等我要过的时候，绿灯的倒计时显示还有三四秒。此时，我往往会紧紧咬住前车的车尾，提高速度，使自己的车尽快驶过路口，给后面的那辆车留出一两秒的时间，供其顺利通过。

一旁的妻子就问我："你开这么快做什么？"

我说："这样的话，后面的车也能通过啊。"

她说："你也真是的，人家的车子能不能通过跟你有什么关系？"

我反问道："如果大家都觉得人家的事情跟自己没有什么关系，

那这个社会还有什么希望可言呢？”

她生气了：“你是不是上课上得太多了？咸吃萝卜淡操心！你要是真出了事情，谁来为你负责？后面的那个人吗？你自己危险驾驶不好好反省，还找这么多歪理来狡辩！”

其实，在这件事情上，我和妻子的想法也难说谁对谁错，因为在某种意义上，这是一个涉及马斯洛需求层次理论的问题。我是开车的，方向盘握在我手中，根据我一贯的经验，我知道当时我是安全的，所以在自身安全获得保障的情况下，我会自然而然地产生社会性需求，即考虑如何利人。但我妻子是坐车的，在她看来，车辆是完全不可控的，所以安全就是当下的第一需求——虽然车辆不可控，但我这个丈夫不是完全可控的吗？所以她是通过控制我来实现对车辆的控制的。

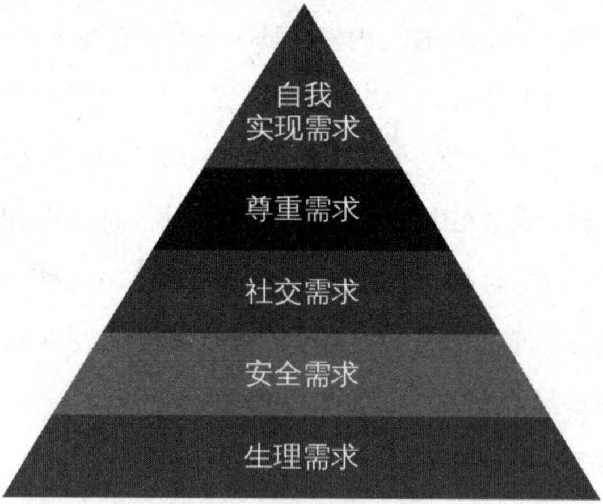

马斯洛需求层次

通过分析人们不同类型的需求，我们可以把这五个层次的需求进一步归纳为三个层次：

第一个层次涵括了生理需求和安全需求，我们可以把这两类需求概括为动物本能的需求。正如《礼记 · 礼运》中所言："饮食男女，人之大欲存焉。"也就是说，填饱肚子和繁衍后代就是作为高级动物的人类的基本需求。

第二个层次涵括了社交需求和尊重需求，我们可以将之称为社会性的需求。这一点就如春秋时期法家的代表人物管仲所言："仓廪实而知礼节。"管仲认为治国的首要问题就是发展农业，把百姓的肚子都填饱了，那么百姓就会自然而然地慢慢接受教化。

最后一个层次是自我实现需求。战国时期楚国的三闾大夫屈原出身高贵且官居要职，于他而言，物质需求与社会性需求都已经获得了充分的满足，所以他在乎的是最高层次的自我实现需求。正如他在《离骚》中写的："路漫漫其修远兮，吾将上下而求索。"其心系家国命运与生民苦难、坚守理想而不惜为之献出生命的精神世界被淋漓尽致地展现出来。

◎ "60后"与"90后"的需求差异

实际上，需求层次还具有着鲜明的时代性特征。"60后"是相对完整地接受过"红色教育"的最后一代人，也是"前喻文化时代"中的最后一批人。从孩提时代的家庭经济条件，到学生时代的意识形态教育，这些因素都在不断地压缩着他们需求层次结构两端的本能性需求和自我实现需求，致使"60后"们在这两个层面上的需求并不是很大——艰苦朴素、勤俭节约是他们基本的生活态度，而放弃自我、服从组织安排则是他们那被赋予了全部人生意义的精神追求。在那个时候，大学生毕业后还是由国家分配工作的，所以相对而言，那一代人的社会性需求比较高，渴望获得别人的认可——比完对象比孩子，比完孩子比房子。同时，他们的行为逻辑也大都体现在社会性需求的层面，即非常依赖组织。我们从近些年流行的“广场舞”上就能看到这样的心理投射。为什么“广场舞”这么火？因为对“60后”的大妈们而言，这不仅仅是锻炼身体这么简单，而更是她们家务之余不可或缺的社交渠道，是使她们的社会性需求获得满足的途径之一。

“70后”是“60后”的延续，他们身上或多或少还有“60后”的一些影子；而“90后”是完整地接受了“信息教育”的第一代人，也可以说是“后喻文化时代”中的第一批人。在充裕物资的刺激下，“90后”的本能性需求很高，而在自由思想影响下成长起来的他们，在物质需求获得满足之后，便跨越了社会性需求，直接上升到自我实现需求的层次。那么为什么“90后”的社会性需求不强烈呢？自1982年9月计划生育政策被定为基本国策，到2016年“全面二孩”政策正式落地，降生于这一时段内的城市中的“90后”基本上都是独生子女。他们在家里享受着父母给予的无条件的专宠，既无须承担繁重的家庭事务，也不用处理兄弟姐妹间的复杂关系；同时，随着城建工作的推进，大量院落这种体现平面关系的老式住宅被改建成楼房这种体现垂直关系的新式住宅，又使他们不必再处理邻里关系；而在当今以应试教育为主流教育模式的学校中，老师也无暇使他们对社会性角色有足够的认知——以前我们读书的时候，学校还经常组织一些学工、学农这样的社会教育活动，而现在的学校则基本上把此类教育以课外活动的形式移交给家长了。所以，在这种环境中成长起来的“90后”，更倾向于以个人化的方式解决问题，故而其行事风格也往往显得特立独行。在这一点上，日本人做得比较用心，他们在孩子还在上幼儿园的时候就开始从各个方面去培养孩子的集体意识。比如，一位幼儿园的园长在向来访者介绍的时候，就特别提到了他们教室屋门的设计——故意做得不太容易被关紧，这样老师就可以不断地提醒最后一个进教室的孩子把门关紧，以免冷风吹到离门近的其他孩子。

正是由于在需求层次上存在错位，所以“60后”与“90后”这两代人之间往往存在着难以调和的矛盾，而对“90后”群体社会性需求缺失的认知，也是我们打开他们心门的一把关键的钥匙。

◎ “80后”与“90后”有什么区别

或许有读者会问：“照您这么分析，那么‘80后’去哪儿了？”对“60后”与“70后”而言，“80后”与“90后”似乎可以理所当然地被划归一类，因为他们看上去都是非常“自我”的。但其实，“80后”与“90后”也往往看对方不顺眼，认同更谈不上。在某种意义上来说，我们谈论这个问题，或许就是跟不上时代节奏的表现，因为当我们对单位里的某个年轻人说“你们‘90后’如何如何”的时候，他可能会不屑一顾地反驳你：“对不起大叔，本宝宝是‘95后’！”

“80后”可以说是“互喻文化时代”的最后一批人，虽然他们通常也表现得很“自我”，但还是无法完全摆脱传统社会价值观的约束。因为代际文化受制于地域观念、政治形态、社会背景等因素，故而其发展会呈现出一定的滞后性。

必须要说明的另一点是，我们往往以“70后”“80后”“90后”等来区分代际关系，但代际界限其实并不会这么绝对、这么清晰。比方说，1975年出生的人，他的需求层次可能就会与“80后”这代人的相似；同理，一个“85后”，他的需求层次也可能与“90后”这代人的相仿；而“95后”群体，则可能会呈现出“00后”的属性。其实，在“90后”群体中，也不乏一些积极主动、组织化程度较高的人，让“70后”的管理者看得“挺顺眼”的。所以，我们在这里讨论新生代员工的管理问题，只是在普遍的层面上来谈的，但具体到个别现象，管理者们还是需要根据实际情况区别对待。

“80后”们渴望获得被他人普遍认可的成功，而且他们也知道这种成功是无法依靠自己的父母来获得的。由于经济体制的原因，一些“50后”父母并未积攒起多少财富，而飞速发展的社会经济、不断加快的消费升级、成家以后的上有老下有小、沉重生活负担等，都迫使“80后”们将物质财富作为首要追求目标。可一旦条件允许，他们还是愿意去迎合社会主流价值观的。

而“90后”是“后喻文化时代”中的第一批人，他们自幼就充满自信，这种自信一方面来自他们那些“先富起来”的“60后”父母为他们打下的物质基础，另一方面则来自中国不断提升的国际地位，所以，他们很自然地跳离了传统意义上的人生理想，唯一要做的就是自己喜欢的事；他们活在自我认可的价值观里，并不在乎社会、长辈如何看待他们。在他们看来，生活不只眼前的苟且，还有诗和远方。

这就是“60后”“70后”管理者会觉得“90后”员工更难管理的原因。因为我们只要适当地调整一下分配方式与考核机制，还是可以满足“80后”的基本价值需求的，所以让他们服从管理也不难；但“90后”却以崭新的形象出现在我们面前，他们试图通过剥离和分享管理者的一部分固有权力，来实现所谓的“自我价值”。

◎ 价值观的社会称许性

还有很重要的一点，价值观是具有社会称许性的。比如，有时候，“70后”与“80后”也会声称他们“信奉”一些为社会普遍认可的价值观来为自己树立正面形象，但这与他们在实际行动中所持的价值观有相当大的差距。他们有时虽未必真正认可管理者的想法与决策，但表面上还是给足其面子，也就是“说一套，做一套”，在行动上表现得“阳奉阴违”，故而他们的这种特点往往被解读成“执行力不强”——这也是前段时间与“执行力”相关的课程如此流行的原因之一。

但是，“90后”们从小就不用看人脸色，他们往往言行率直、我行我素。“我就是我，是不一样的烟火！”他们若不认同你，就直接跟你“怼”上了。这就尤其容易让“60后”“70后”的管理者们下不来台，觉得“90后”是“异类”——认不清自己的角色，摆不正自己的位置，缺乏教养，不服管理。

新生代员工经常挂在嘴边的一句话是：“不要跟我谈理想，我的理想是不上班！”这是不是说明他们真的就没有理想了呢？也未必是。这句话只能说明他们的理想与我们传统意义上的理想之间存在较大的差别。

角色意识

这里还必须要谈到的一个重要概念是“角色意识”。所谓“角色意识”，就是指生物个体或团队根据自己的身份，呈现出来的能够被感知的特征总和，以及相关的感知处理活动。其实，人们在处理事务时，有三个因素在轮番起作用，它们分别是：基本性格、社会性格与角色意识。

◎ 基本性格的表现和由来

所谓“基本性格”，是相对于“角色性格”而言的，指个体在剥除所有“角色性格”的特征之后所具备的性格特征。虽然在实际中，这种情况不可能出现，但在研究的层面上，我们则可以从理论上做出这一假设。

普通心理学中所讲的“性格”，差不多就是我们所指的“基本性格”，如：内倾与外倾、主动与被动、积极与消极、活泼与安静、独立与顺从，等等。基本性格是个性心理特征中最基本、居于核心地位的部分，是形成角色性格的基础，并通过角色性格表现出来，使得同一种角色性格和角色行为表现出不同的个体差异。

不少人认为，基本性格几乎可被视为“天性”——与生俱来，与人种与遗传关联密切。不可否认，遗传因素对基本性格的某些方面确有影响，比如情绪特征在某种程度上就与神经类型的遗传特性有关。但是，遗传与基本性格的确切关系至今尚未得到充分证明。在实际生活中，相反的证明，即性格主要受外界环境和个人经历影响的证明，倒是很多。即使在某些受遗传因素影响较大的性格成分中，遗传因素也不是孤立地起作用的。比如情绪特征，就与个人的生活目标、对待事物的态度，以及认知特点密切相关。对于一个情绪易被激活且反应强烈的人来说，并非任何情境、任何刺激都会引起他的情绪反应。情绪反应是否产生、产生什么样的情绪，要随刺激的性质、刺激与人的关系，以及个人对这种性质和关系的认识而定。因此，人们在研究时，一般更重视环境和个人活动对性格的影响，而这种影响的结果，则表现为“社会性格”。

◎ 社会性格的表现和由来

社会性格的形成与一个人所处的社会、家庭，及其获得的教育、经受的遭遇密切相关。我们都认为德国人比较严谨，所以他们制造出来的东西非常精密。

其实，德国人这种国民性的形成是有其原因的。我们发现，德国人的一大特点就是他们的音乐素养普遍较高——在我们耳熟能详的世界级音乐大师中，德国音乐家可以说是占据了半壁江山，如巴赫、莫扎特、贝多芬、门德尔松、舒曼、瓦格纳、勃拉姆斯等等。在很多以“二战”为题材的电影中，也经常出现德国军官信手弹上一首钢琴曲的桥段。

放眼整个世界，还有很多国家是以绘画艺术著称的，比如意大利、西班牙、法国。以绘画艺术著称的国家，其国民性往往倾向于浪漫、奔放。

那么为什么喜欢音乐的德国人性格严谨，而喜欢绘画的意大利人则较为“散漫”呢？我们可以推想，绘画作为一种结果性艺术，对于过程的周密与否往往不甚看重，因为画错了可以再掩盖、修饰，而且旧时的画家为了节省画布，甚至会在同一张画布上反复创作。但音乐是一种过程性艺术，非常看重演奏或演唱过程中每个环节的周密衔接，因为任何一个细小的失误都是无法被弥补的。由此可知，分别受这两种不同艺术形式长期熏陶的人，其社会性格必然有差异。

了解了这一点，对我们家长帮孩子选择辅导班也是有参考价值的。相信绝大多数的家长帮自家孩子报辅导班的目的，未必就是希望孩子真的能够成为“大师级”的人物，而是希望在培养孩子这些特长的过程中，孩子的性情能得到陶冶、品质能得到塑造。所以从这个角度出发，如果你孩子的性格比较孤僻内向，你就可以尝试着让他去学绘画，那么他或许会在学习绘画的过程中，将封闭的内心打开，使孤僻的性格得到改善；但如果你的孩子活泼有余而严谨不足，则可以考虑让他学一种乐器，那么他或许会在注重细节的训练中，慢慢变得严谨细致。

◎ 角色意识的表现和由来

在某种程度上来说，角色意识是一种约束自我的感知处理活动，就是当我们清楚地认识到我们在扮演某个角色、担任某种职务时，我们所需遵循的基本规则就会浮现在我们的意识中，并进而指导我们的行为。

我年轻时曾在可口可乐公司做过基层业务员。有一次，我拿着一份重要的文件去找总监签字。我敲了门，总监喊“请进”，我就进去了。进屋后，我竟发现自己的上司像个小学生一样，将两手背在身后，笔挺地站在总监的桌前聆听“训导”。当时我大为惊诧，因为在我的眼里，我那上司是很“牛”的，在自己的办公室里给我们签字的时候，是可以把两只脚跷到办公桌上的。但现在我能理解了：我的上司在总监面前时，其作为“下属”的角色意识会变得十分清晰，故而就表现出毕恭毕敬的姿态；但是回到自己的办公室后，他就成了“老大”，故而其作为“老大”的社会性格也就暴露出来了。正所谓“媚上者必欺下”，谄媚上级的人在失去自尊后，势必会通过欺侮下属来获得精神上的补偿——鲁迅作品中的“阿 Q”就是如此，谁都欺负不了，最终只能通过欺负比他还弱的小尼姑来找回“尊严”。

◎ 三种性格或意识的轮动

在现实社会中，人们一般是先以角色意识来处理所面对的问题的，这属于相对“理性”的范畴；这种角色意识一旦缺失，与社会性格相匹配的价值观体系就会占据主导地位，这就进入比较“感性”的范畴了；当外界的刺激太过强烈时，人性深处的基本性格便开始突显，所以我们在面对一些激烈的冲突时，往往会表现出基本性格，这则可以说是接近“野性”的范畴了。司马迁《史记》中有一段记载非常有意思：“大将军青侍中，上踞厕而视之。丞相弘燕见，上或时不冠。至如黯见，上不冠不见也。”汉武帝对不同的下属有不同的对待方式，对那个整天一本正经地“怼”自己的汲黯，汉武帝在不戴冠冕时是绝对不会见他的——这相当于武帝在办公桌后正襟危坐，端足了架子跟他谈，以“角色意识”来处理自己与这位下属的关系；在面对那位善于揣摩上意的丞相公孙弘时，汉武帝常常不戴冠冕，不怎么讲究仪容，将其“社会性格”表现了出来；可当他的小舅子卫青来了，汉武帝竟然“踞厕而视之”。这几个字，有人根据字面，将之理解为“汉武帝蹲在马桶上看着卫青”，但我觉得不太靠谱。其实，这个“厕”字在古代可被用作“侧”的通假字，故而这句话的意思似乎应是“汉武帝随意地斜靠在椅榻上与卫青谈话”。但不管怎么理解，这句话都透露出这样一个信息：武帝在与卫青相处时相当放松，就像与家人相处一样，以至于将“基本性格”展现了出来。

基本性格不受代际关系的影响，社会性格有着鲜明的时代特征，而角色意识作为一种主观理性，主要来自我们大量的社会性活动的实践经验，来自我们对各种组织文化、规章制度、处事原则、人情世故的理解。

在上文中，我们说新生代普遍缺少社会性需求，这使他们在社会、组织活动中经验不足，导致其角色意识模糊、社会性格甚至基本性格在工作中占据主导地位，从而使他们的表现与现行价值体系中的社会预期之间存在着较大的差距，更与管理者眼中理想员工的言谈举止截然相反。因此，我们强调管理者要淡化权威、柔化冲突，并不意味着让他们就此放弃管理职权，而是让管理者通过强化界限，来帮助新生代员工补齐角色意识的短板、提高系统化的工作能力——这就是管理者撬动新生代员工管理难题的核心支点。

打个比方，高山滑雪和俯式冰橇虽都是冬季奥运会中的正式比赛项目，但这两种冰雪运动是有明显区别的：高山滑雪项目所需的运动器械决定了运动员要具有较强的自控能力，所以赛事组织者只需要制定比赛规则并提供足够宽阔的比赛场地，就能保证比赛的有序进行；而俯式冰橇项目所需的运动器材决定了运动员无须具备很强的自我控制力，所以赛事组织者在制定比赛规则、提供比赛场地之外，还需要设置边界牢固的赛道来确保比赛的安全性——这就是强化界限的意义，不是为管理而管理，而是视需要来管理。

对话新生代员工的核心策略

究其实质，与新生代员工对话的技巧是一种管理策略，而管理者一定要把握要点、对症下药，方能得见成效，“撒胡椒面”式的方法一定是事倍功半的。就好比很多公司为了培养员工的忠诚度，会请一些老师来给大家讲这方面的课程、讲“感恩的心”，那些水平高的老师甚至都能把学员讲哭，效果貌似很不错。但没过几天，领导就发现这样的课程并没有什么用，员工还是该辞职就辞职。这一现象背后的原理是什么？就是对于不同级别的员工，组织的核心考量点其实是不一样的。概括而言，其基本规律即“基层员工看能力，中层干部看责任，高层领导看忠诚”。基层员工主要是处理具体事务的，那么对于他们而言，是不是能力强最重要？中层干部的职责之一是审批签字，那么对于他们而言，是不是责任心最重要？至于高层领导，他们其实也是从基层、中层一步一步干上来的，能力与责任心早已经受过考评，那么对于他们而言，最重要的衡量标准就是看其能不能在组织中一门心思地干到底了。

综上所述，你觉得给基层员工上企业忠诚度培训课还有没有太大的价值呢？你一个月发人家寥寥可数的工资，却要人家对你忠诚，这是不是不太现实？所以，基于前面所说的，要与以“90后”员工为代表的新生代员工顺利对话，管理者需掌握几个重要技巧：淡化权威、柔化冲突、强化界限。

◎ 淡化权威

之所以要“淡化权威”，是因为我们已清醒地认识到当下的社会已进入了“后喻文化时代”，以往的社会权威的光环也已从新一代年轻人的心中逐渐暗淡下去，而你看不太惯的那些“90后”正慢慢树立起新的权威，成为掌握更多信息、对新事物更具洞察力与发言权的一代人。

贵州省是全国扶贫攻坚战的主战场，也是浙江省对口帮扶的西部省份之一，我们杭州市富阳区的新登中学也与贵州的某所学校对口帮建。有一次，我受新登中学校长周喜军先生之邀，去贵州的那所学校做讲座，随行的是一位受新登中学委派、在贵州当地学校挂职锻炼的年轻干部张老师。旅途中，周校长拿出手机，想登录“学习强国”平台，结果却被卡住了，他便抱怨手机中存的东西太多，以致速度越来越慢。我对他说：“你为何不换个新的啊？我看你这手机也有年数了。”

周校长说：“我倒不是为了省钱而不换新的，只是我这手机上存储的资料太多，如果换手机的话，还得把这些资料一点点地拷过去，太麻烦了。”

这时，一旁的张老师说话了：“周校长，您落伍了。您知不知道有个‘手机克隆’的 APP？即便换了新手机，原有的信息也能一键‘克隆’过来。”

看到我们将信将疑的样子，张老师还开玩笑似的补充道：“如果你们原来的手机上有病毒，那么病毒也是可以被一起‘克隆’过来的。”

我一边在心里暗想“还是年轻人厉害”，一边不禁回想起上次发生在我自己身上的类似的事来。母亲向我抱怨她的手机这里不灵那里不响，于是我干脆用手机卡的积分换了个新手机带给她，并现学现卖地为她示范“手机克隆”技术。结果“克隆”是“克隆”了，但新手机始终提示“资源管理器无法响应”。折腾了半天，最后，我实在没办法了，便只好请教女儿。女儿大模大样地走过来拿起手机，只摆弄了几分钟就把问题解决了，并说我在“克隆”的时候没有进行“选择性克隆”，所以就把旧手机中的全部资料都拷到新手机中了，致使这个用积分换来的、内存本就不大的“低端机”陷入了“瘫痪”状态。女儿的解决办法是先把新手机恢复出厂设置，然后还是通过“手机克隆”，把旧手机中需要留存的资料有选择地“克隆”过来。“姜还是老的辣”啊！只是这句俗语在当今又衍生出了新的意蕴——其中的“老”字还真不能被单纯地视为“资格老”，更不能被片面地理解为“年纪大”，而应该被解释为“技术老到”啊！

所以，管理者不要再总是端着一副权威者的架子，试图用以往控制式的管理手段来实现对新生代员工的有效管理，而是要采取开放式的管理手段，与他们建立起平等对话的关系。我很清楚，要大家接受这一点不是一件容易的事，但这就是大势所趋——就好比做了婆婆的人都应该知道，儿子既然已经娶了媳妇，那自己就不应再是儿子或他们那个小家庭的“控制者”了。倘若这个时候，你还认不清形势，不做必要的转变，对儿子的小家庭事事插手处处管控，那么势必会引发婆媳间的战争，让儿子夹在中间左右为难。

另外，除非你真的是某一领域中的扛鼎式的人物，你才可以以“过来人”的身份告诉年轻员工“我以前怎样怎样”，否则这群年轻人多半会在心里想：就你这点儿东西也值得拿出来显摆？我到你这个年纪的时候，不知道会比你强多少！某个单位中的一位女员工在给领导的辞职信里这么写道：“您总说我们‘90后’没有目标意识，还总吹嘘自己当初如何如何，是怎么白手起家、在上海买房买车的。拜托，您的那些目标不是我的目标。我只要开开心心地上班、开开心心地生活，其他的事与我何干？”我们可以试想一下她的领导在看过这封信后心中的滋味。

◎ 柔化冲突

新生代员工个性鲜明，喜欢争论是非曲直，还动不动就开启“怼人模式”，的确会在某种程度上引发管理者的不快，并很容易使双方陷入是非冲突。其实，新入职的年轻员工与有一定资历的年长的管理者之间的冲突，往往来源于两代人在价值观和需求层次上的差异，所以他们在某些问题上看法有分歧是再正常不过的。而“柔化冲突”其实就是求同存异，就是管理者在坚持原则、保证结果的前提下，要避免对一些细节、过程做过分强调。

女儿在家的时候，我们会有意地让她承担一些家庭责任，比方说饭后由她负责洗碗。我们夫妻俩在洗碗时有个习惯，一般都是先把碗筷浸泡一会儿，让留在上面的食物残渣变软而易于脱落，洗的时候，再挤一点洗洁精去去油污。这样一来，既省时间又省水。

可女儿不，她洗碗的风格是“大开大阖”的——热水一直“哗哗哗”流个不停，洗一个往碗架上摆一个。有一回，我见她为了洗一个碗，就让水整整流了两分钟，就忍不住把我的洗碗经验传授给她，说怎样洗会更节约水。结果她却说：“你知不知道洗洁精是很伤皮肤的？老妈给我买的护手霜可是很贵的哟！唉，人家洗碗，你别老在这儿掺和。出去出去！”

妻子一把将我从厨房里拽了出来：“既然她要洗，你就让她洗，别说三道四的。等她成家以后要自己付水电费了，你还怕她不知道节约啊？”还是妻子看得通透啊——对于布置下去的任务，管理者要先确保完成，再追求完美，把关注点放在结果上，尽量避免在方法、过程、细节等琐碎的事上与下属做过多的争论。这就是“柔化冲突”！

这让我想起以前自己在培训课上讲时间管理方面的内容时，经常会提到的一个故事：汤姆要在客厅里挂一幅画，邻居杰克热心地表示愿意帮忙。杰克去工具箱里找锤子，却发现锤子的手柄没有了，便打算拿斧子从门口的树上砍一截树枝做锤子柄，但又发现斧子非常钝，需要先磨一磨，于是他又四处找磨刀石……最后，那幅画还是被汤姆自己钉在了墙上。当汤姆再见到杰克的时候，杰克正在五金店门口，在店铺伙计的协助下，往车上抬一台笨重的车床。

这个故事启示我们：完美固然重要，但对完美的追求是永无止境的。有时候，管理者过分地追求“完美”，反而会使工作陷于停滞，所以要将“结果”放在首位，在保证完成任务的前提下精益求精。

◎ 强化界限

读到这里，有的读者可能不满意了：放弃权威、放弃要求，你这不是“绥靖政策”吗？不是典型的“投降主义”吗？若真像你说的这样，那单位还要我们这些“老古董”干什么，直接让“90后”上不就行了？所以在这里，我要特别强调一个要点：淡化权威、柔化冲突，并不意味着让管理者放弃自我，去一味地迎合年轻员工。

我们说新生代员工管理的核心策略是“对话”，而对话的前提是“平等”，所以淡化权威、柔化冲突的目的，是给新生代员工提供一个平等对话的平台。但凡事都是过犹不及的，管理者如果对年轻员工一味迎合，就往往会使情况变得更糟。很多孩子之所以对自己的爷爷奶奶特别无礼，原因其实很简单，就是爷爷奶奶对他们过分纵容、溺爱。可见，纵容与溺爱未必能够换来尊重。

最近几部由“偶像派”年轻男演员出演的电影饱受新生代指摘，某部电影甚至在“豆瓣”上只被打了3.1分。有位网友评论道：“这部电影堪称烂片中的里程碑。”其实，导演的初衷是好的，即希望在“主旋律”“大基调”下增加一些当红流量元素来吸引新生代捧高票房。然而新生代并不买账：“‘主旋律’就‘主旋律’，没必要搞这些噱头。《战狼Ⅱ》不也获得了我们的热捧，成了票房冠军吗？我们新生代是需要接受各种题材与风格的作品的，‘主旋律’题材的影视作品拍好了也一样能引起我们的共鸣。”所以你看，放弃了自我就是放弃了底线，终究不能赢得认同。

就新生代员工而言，他们虽然在很多地方都展现出出色的能力，但这些能力往往还是呈点状分布的，系统化的工作能力依旧不足。其具体表现，就是他们在工作中经常做得不到位或者做过了头。

之前，我们公司有一个大型的经销商会议要在本部所在地杭州召开，需要预订的酒店必须具备能保证千余人入住的足够多的房间与容纳他们一起听课的足够大的会场，但满足这两个条件的酒店并不多。前期，由于企业邀请的代言明星的档期尚不确定，所以负责与酒店对接的那个年轻员工就未与那家中意的酒店敲定时间，也未与其他酒店进行联络以备不测，结果等那位明星的时间确定下来以后，我们原先中意的那家酒店已经被其他公司订走了。于是，我们赶紧与其他符合条件的酒店联系，但很不走运，其他酒店也已经没有了足够的房间与场地——事情变得相当被动。最后，由于会议时间无法调整，所以我们只能临时决定将会议地点转移到深圳。虽然来自全国各地的经销商对会议选址并不挑剔，但公司本部的上百位与会人员则要“劳师远征”，这样一来，会务费用增加了不说，参会者于往返途中花费的时间，对公司而言也是很高的成本。此类问题的产生，基本上就是由于年轻员工缺乏系统化的工作能力。

综上所述，我们可知，无论是思想层面的角色意识，还是行动层面的系统化工作能力，恰恰都是新生代员工往往欠缺而年长的管理者大多具备的，同时也是管理者与新员工对话的资本。所以，作为管理者，我们要在这两个方面上给予新生代员工更多的扶持——这就是“强化界限”的意义所在。我们谈新生代员工的管理，这种技巧也好，那种方法也罢，其实都是“万变不离其宗”的，最关键的还是要将这三个核心策略作为我们的指导思想。

新生代员工的招聘环节

◎ 招聘渠道的选择

伴随着互联网的普及而成长起来的新生代，在求职的时候也一样会依赖网络这一渠道。调查表明，43% 的“90后”会通过网络投递简历，21% 的“90后”会经由亲友的推荐来求职，17% 的“90后”会选择校园招聘，16% 的“90后”会参加社会组织的大型现场招聘会，而只有3% 的“90后”会通过中介机构来择业。所以，企业的人才招聘也面临着巨大的变化——招聘渠道的多元化决定了企业不能再依赖单一的招聘渠道，而必须高效地整合各种类型的招聘渠道来提高人才的获取率。

作为管理者，在招聘中，我们当然希望找到那些热爱这项工作的人，但传统的招聘渠道中则往往充斥着那种只想找个工作混生活的人。雪片般的简历看似象征着报名者的踊跃，但实际上，它们恰恰极大地干扰了我们甄选时的判断。我们公司里曾流传过这么一个段子：校招会结束后，我们公司的人力资源部里堆积了百余份简历。在我们正为怎么抽出时间安排这些人面试而犯愁时，人力资源部的总监进来了。他拿起那摞厚厚的简历，从中间一分为二，将其中的一半交给我们，让我们通知这些人来面试。我们诧异地问他另外一半人不来参加面试吗，人力资源部的总监却说他们的面试刚刚已经结束了，因为他清楚地知道我们的老板不喜欢运气不好的人——这虽说是笑话，但也多少反映了人力资源部对应聘者做初步筛选时的工作压力。

鉴于此，我们可以考虑在与本公司工作性质关联比较密切的网站上发布招聘信息；如果你的公司够大的话，那么也可以选择相关的门户网站来做定向推送——这在技术上已经不再是难题。总而言之，我们要在招聘初期就采取一定的技术性手段，建立必要的“防火墙”，以此来保障信息投送的针对性和简历收归的有效性。比如，一家企业人力资源部的人员在谈论相关经验时说，他们会利用校友群来发布招聘信息，特别是他们企业高管的校友群。其实，让校友来为招聘做代言再合适不过了，因为这完全戳中了求职者的隐性需求——毕业生往往都会关注优秀校友在职场中的发展情况，并认为自己如能应聘成功，在若干年后就也能像学长们一样出色。除此之外，在校友群发布招聘信息还有一个显著的优点，那就是真实性与可靠性都有较高保障，因为校友自带“情感共鸣”效应。

◎ 招聘文案的针对性

我们可以适当增强招聘文案的针对性，使之更容易引发目标对象的认同感。让我们先来看看一家要招聘程序员的公司的相关文案：

我的天，眼看着“光棍儿节”、圣诞节、元旦就要到了，一年就要过去了。而你，作为一个“码界”高手，有着精湛的“码术”和趋近正无穷的智商，竟然还隐匿于江湖之间、做一些鸡毛蒜皮的事情？

我们公司欲招一名Java工程师与一名Web前端工程师，我们一起来做了不得的事情。

赶紧地，把你写满“精通、擅长、善于”的简历砸过来吧！

其实，找工作与买房娶媳妇是一样一样的，也是“冲动性消费”。房价动辄一平一两万，没事，咱体力好的话，写上1MB的码就挣出来了！

别犹豫了，请迅速拿起鼠标，将简历插入队列……

看到这样的招聘文案，“码农”是不是更容易心动呢？

◎ 从录用到入职的窗口期管理

在招聘时，管理者切忌过度“渲染”公司开出的优厚条件，以免新员工在入职后产生较大的心理落差。而且，依“90后”的性格，他们往往是一言不合说走就走，对他们而言，这没什么损失。所以，参与招聘的管理者先不要向他们大谈公司的办公环境是如何优越、福利待遇是如何丰厚，以至于使他们产生一定的“误解”。

一旦决定录用了，那么管理者最好要求新员工马上到岗，如果实在有特殊情况而不能马上到岗，那么也可以让他们在就职前的这段窗口期与公司保持一定的互动，比如邀请他们参观厂区、向他们推送一些公司的最新资讯，或者请他们做一些小的调查问卷，其目的就是让新员工知道公司一直在关注着他们——因为他们可能会参加很多公司的面试，对做何选择尚犹豫不决，所以我们要珍视潜在的人才与自己在前期花费的时间与精力，不要让自己变成应聘者眼中的“备胎”。

而且，保持必要的互动还有一个作用，即管理者能够从尚未入职的新员工的响应程度上来判断其最后是否真能入职。这样一来，就算公司不幸真的成了“备胎”，也至少能提前获知点儿信息，以便及时安排其他的候选者应聘入职，使公司的损失降到最低。

◎ “佛系”与“魔系”——如何招到对的人

林俊杰的《醉赤壁》中有这样一句歌词：“确认过眼神，我遇上对的人。”多年的管理经验积累下来，我有了这么一个心得：虽然人可以培养，但培养的难度和成本实在太大，正所谓“江山易改，本性难移”。很多时候，我们要办一件事情，人如果找对了，那么事情也就有了成功的希望，而倘若人找错了，那么你作为管理者，需要做的善后工作也就多了。所以选对合适的人，是万里长征的第一步，也是员工管理上的重中之重。

“蒙牛”的创始人牛根生曾经就如何找到对的人做出一个总结：“有德有才，破格重用；有德无才，培养使用；有才无德，限制录用；无德无才，坚决不用。”这个总结虽在一定意义上给我们提供了一个参考标准，但也只是相对而言的，因为其中尚缺乏对不同时代的员工的细致分析。所以，我们不妨借助一下西方流行的“四象限分析法”，设定两条坐标轴：纵轴代表价值与意义，横轴代表享受与快乐。

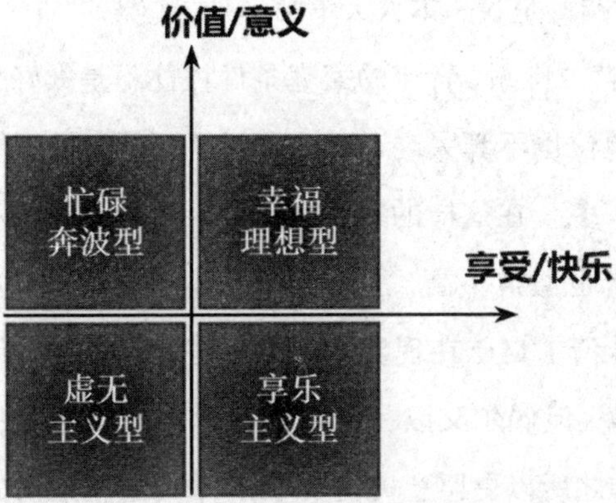

倘若我们对不同年龄阶段的人对号入座，就可以发现“60后”和“70后”多为“忙碌奔波型”，他们为了价值和意义可以放弃享受和快乐。

“80后”则基本上是以“享乐主义型”居多，也就是相较于价值与意义，他们更关注享受与快乐。

但到了“90后”这一代，问题就变得复杂了，因为他们往往呈现出两极分化的特征——正是由于“90后”的社会性需求不甚强烈，所以一部分人会沉湎于本能性需求而成为“佛系”青年，而另一部分人则会在本能性需求得到满足之后直接跨过社会性需求，进入自我实现需求的层次。第二类“90后”属于什么“系”，大家知道吗？让我们来看一下“90后”的“江湖”——

佛系：都行　可以　没关系

儒系：稍等　抱歉　对不起

法系：免谈　不行　有规矩

道系：闭嘴　走开　少叽叽

魔系：没错　是我　本人天下第一！

相对而言，“佛系”青年的家庭条件往往不是太好，家长的文化程度和社会地位也不算太高，家庭内部呈现的积极因子较少，而消极因子又比较多。在这样的家庭里，由于社会资源相对欠缺，家长对孩子的要求也通常不高，所以生长于这类家庭的“90后”在学生阶段就基本认清了自己在现实竞争中的劣势，从而倾向于在虚拟世界里寻求慰藉，但偶尔又以一些出格的行为来纾解心中的郁结。时下的大众媒体之所以更愿意关注“佛系”青年，就是因为这更能满足“全民娱乐”的需求。久而久之，人们就对新生代有了一种片面的印象，但这其实并不能囊括他们的全部特质。

而“魔系”青年则一般出身于物质条件优渥的家庭，他们的家长也往往自信满满且拥有充足的社会资源，他们从小耳濡目染的是其父母“通过努力去实现目标”的言传身教，故而奉“万事操之在我”为人生信条。所以，“魔系”青年正是我们在招聘时需要“确认眼神”的对象。

有一次，我去公司旁一家叫“牛匠”的烤肉店用餐，这家具有日式风格的店铺坐落于商务区，非常火。在用餐的过程中，我注意到了一个服务员，因为他比其他服务员做得更多，显得出类拔萃。最后结账的时候，我试探着问了他一句：“你是这家店的老板吗？”

小伙子腼腆地一笑：“就快是了。”

我说：“‘就快是了’是什么意思？”

他一边清理桌面一边答："我原先也在这个商务区上班，有一次与同事来这里聚餐，听闻这家店要被盘掉，就把之前的工作辞了，以服务员的身份来这儿打工。我测算过，这家店其实是可以运作下去的。"

这就是典型的"魔系"青年，他们有想法、有计划、有耐心，而且背后也不乏资金撑腰，他们就是真正想干点儿名堂出来的人。

但有时候，在面试时，"佛系"者也会把自己乔装成"魔系"者，针对这一现象，招聘者可以故意开出一个较低的薪酬，或者开一个底薪虽低但绩效工资很高的薪酬来做试探。倘若真的对这项工作感兴趣，真正的"魔系"青年往往是不太计较前期的薪酬水平的——他们不介意从最基础的干起，他们相信凭着自己的能力和付出，不久就能看到成效。而"佛系"青年则往往对基本薪资要求较高，希望一进单位就能获得一个相对理想的条件和保障，对他们而言，这是择业时最重要的考量要素。

◎ 真正优秀的人是挖来的

其实，真正优秀的人不是招来的，正像上文中说的那个笑话一样，垃圾桶里能捡的孩子都是被其他妈妈扔掉的，因为优秀的人基本上已在各个领域中扮演着不可或缺的角色了，所以管理者要做的，是在日常工作中尽可能多地发现人才，有可能的话，就把他们挖过来。

有一次，我们几个同事一起走访客户。在我们与客户聊天的时候，一辆出租车靠边停了下来，从车里下来一个小伙子，他向客户点了个头，就转身进了仓库。过了一会儿，那个小伙子挎着个包、带着些宣传材料又出去了。

我有点儿好奇，就问那位客户："这是谁啊？"

客户一边倒茶一边说："这小伙子有意思，是你们的竞争厂家在我这儿派驻的理货员，每天的工作就是去商超摆货贴广告。他天天都打车来上班，我估计他每个月挣的三千来块钱的工资，都不够他的打车费。"

我听了，不禁问道："那他在这里上班，究竟是为了什么？"

客户说："不知道啊！听其他员工说，他其实是看中了那家公司、打算在那儿发展的，但你也知道，那家公司的门槛高，没关系的人进不去，所以他干脆从头干起。这个人自视挺高，也是个人物……反正他不是我的人，工资也不归我发，他愿怎样就怎样，我懒得理他。"

我又问："像他这样的人才，你就不考虑留下来？"

客户说："我们庙小，容不下这样的菩萨。他就算来了，我们也留不住，而且说不定他还会把我的人都带偏了。"

听到这儿，我随即向下属使了一个眼色。下属心领神会，马上不动声色地起身出去，找到了那个就要上送货车的小伙子，跟他聊了几句，并把他的名片搞到了手。

当天晚上，我们就把他约到一家咖啡馆，与他进行了一番详谈。最终，他被我们公司所提供的平台与发展机会吸引了，答应来我们这里发展。

不出所料，他的确干得很不错，虽然后来我离开了这家公司，但他每次在职位获得提升之后都会向我汇报。有一回，他给我打电话，说："领导啊，您知道我现在在哪里吗？我就在当年您与我谈话的那家咖啡馆，就在当初我们坐的那张桌子旁边啊！"

我跟他打趣道："干什么？抚今追昔、忆苦思甜啊？"他说："我约了几个客户来这儿谈点事，现在客户还没到。故地重游，让我回想起了陈年往事，颇生感慨……感谢领导当年对我的认可！"

所以，有一句话很在理：找寻人才，不要单纯依靠公司的人力资源部，任何管理者其实都应该是本部门的人力资源负责人。因为本部门的管理者往往更清楚什么样的人最符合本部门内工作岗位的要求，也更有接触到这类人的机会；而人力资源部除了校招以外，基本上没有"主动出击，网罗人才"的可能性，也往往缺乏对专业岗位从业者所应具备的特定素养的明确认知，所以他们大多只是在流程、制度层面上，给予一线业务部门辅助性的服务。

当然，"魔系"员工也是会切换成"佛系"模式的。有时候，"魔系"员工在工作中遇到了挫折，出于对自己的保护，他们可能会在瞬间表现得很"佛系"："我又无所谓！我本来就不想这样的！"以"不屑"的姿态来为自己挽回自尊。作为管理者，在这个时候，你一定要读懂他们的隐衷——他们不是真的无所谓，而是在暗中较劲儿。而你如果真当他"无所谓"了，那他可能就会在日后的工作中变得比较消沉了。

入职体验期的管理

◎ 为什么员工一入职就辞职

好不容易招到人了，我们却发现很多新生代员工在上岗一两天后就不辞而别，所以他们往往被斥为“没有责任心”的人。有调查数据显示，2011届本科生在毕业三年内的平均雇主为两个，8%的毕业生有四个以上的雇主，只有38%的学生在毕业三年内只有一个雇主，而不到40%的毕业生能在一家单位待满两年。所以，一位我熟识的某公司的人力资源总监曾戏谑地总结道：“想招到中意的‘90后’员工是件低概率的事，我们能做的，只是尽可能降低他们的离职率。”其实不仅是“90后”，新员工从入职报到到正式转正之间，都会有一个体验期，其间，公司固然能评估新员工是不是真的能够胜任这一职务，新员工同样也会从各个角度来衡量该公司是不是符合自己的要求、掂量自己的能力能不能胜任目前的岗位，而这两项评估中一旦有任何一项与他的预想不符，他就有可能编出各种理由来“打退堂鼓”——你们听说过因公司规定不能在办公区域接收快递而辞职的事吗？

我们单位曾有一个只上了一天班就辞职的行政部专员。为什么呢？那天正好有个高管会议，按公司惯例，出于保密的要求，在此类会议上，倒茶、分发会议资料之类的后勤工作一般会由行政部专门派人负责。由于之前负责倒茶的员工手头上恰有一些事务要处理，所以行政部领导就让这位新员工来接管此项工作。但在第二天，这个新员工就不来上班了。她的领导打电话去询问，她却说："我妈说了，我是来做行政专员的，不是来端茶倒水的。"

领导劝她道："为参会者倒茶也算是行政部分内的工作呀。再说，谁都是这样过来的。"

她硬硬地回了一句："我看过关于行政专员岗位职责的书了，里面没有提倒茶的事。"

所以说，新员工入职不久就辞职，固然是由于上文提到的——招聘时，招聘者将公司的情况描绘得过于美好，导致新员工期望越高失望越大，在入职后难以接受公司的真实现状。但还有一个因素往往被人忽略，那就是新员工在入职后没有获得领导们足够的关注，心中产生了失落感。要知道，相当多的"90后"自幼便过着"众星拱月"般的生活，所以他们在没有"聚光灯"的环境中会显得比较落寞。我经常在中央商务区的写字楼下看到送孩子入职报到有如送孩子入学报到一样的父母，但他们身旁的"90后"子女们并不为此感到尴尬，因为这群"90后"的人生的每一个重要时刻，父母都是与他们一同见证的。所以，他们需要"仪式感"，需要"镜头感"，需要友好的"界面"和优良的"用户体验"。我女儿的一个同学毕业后去了一家音乐制作公司，最近在微信朋友圈中"晒"出了一张他们单位发给他的"转正证书"，这让我觉得很有意思——我们以前转正，不就是人事部门发个通知的事吗？甚至有没有通知我都记不太清楚了，反正只要在工资单上看到全额奖金了，就说明转正了。但女儿同学的这张精美的“转正证书”，则说明了新兴公司对新生代员工这一特点的关注与采取的相应举措。

那个被唤去倒茶的小姑娘为什么会辞职？就是因为觉得自己在公司中被使唤、受委屈了。对新生代员工而言，公司让他们做这样的事已经不是“用户体验”差不差的问题了，而是屈辱不屈辱的问题了，所以他们直接选择了“取消关注”。

◎ 仪式感的必要性

所以我们不妨考虑在员工入职的第一天，就为他们举办一些小型的欢迎仪式，为他们找找“仪式感”。

有一次，我去一家单位上课，到了所在楼层，刚出电梯就远远看见考勤处竖着一个显眼的指示牌，牌子上贴着照片写着字，周围还缀了一圈粉色的小气球。我以为这牌子是专门做来欢迎我的，便满心欢喜地走上前细看，结果却发现牌子上写着“欢迎新员工某某某入职”的字样，贴的也是这位员工的被放大后冲洗出来的照片。相信这个新员工在看到这个指示牌后，心中一定既温暖又自豪。这个公司规模不大，也就占了写字楼中的一层而已，他们以这样的方式欢迎新员工的到来，这种做法显得尤其可贵。

我认识一位民营企业的老板，但凡他的公司中有新员工入职，只要那天他不出差，他都会要求人力资源部尽量安排新员工在公司食堂与自己共进午餐，以便在轻松的氛围中了解他们的一些基本情况与他们选择来自己公司的原因，同时顺便聊一聊自己走出小山村、进入大城市的奋斗史。他会对新员工讲，由于当时农村的物质条件不好，所以他总吃玉米面，吃的时候，粗糙的玉米楂经常会粘在他的嗓子眼上，那又痒又刺的感觉令他至今记忆犹新。年轻的新员工们听了，都瞪大了眼睛，觉得不可思议。他还讲他当时是如何一文不名，如何处境窘迫，后来又是通过怎样的努力改变了自己的命运。在讲述的过程中，他还会顺带讲几件自己的糗事来活跃气氛。由于经常讲，这位老板的讲演技巧如今已经相当纯熟，每次都能讲得绘声绘色，对新员工很有感染力。

我对此很感兴趣，问他为何在如此繁忙的情况下，还十年如一日地做这么一件事情，为何不让下属，比如新员工的直接主管代做。老板则解释说，他之所以这样做，是因为他意识到“只有老板心中有员工，员工心中才会有企业”。其实，陪新员工吃饭只是他为员工所做的许多事中的一件，除此之外，他还在很多地方默默付出着关爱。至于为什么不让下属来代办，老板说也不是不能代办，因为他也很清楚领导适度授权的重要性，但他还是希望通过自己的亲力亲为，为下属们做出示范、树立榜样。

◎ 对新员工给予充分的重视

管理者应该对新入职的“90后”给予适当的关注，让他们获得被重视、被认同的感觉，以便使他们顺利度过体验期。

几年前，我去一家新成立的分公司任职，一连好几天都看到一个小伙子总是独来独往。他从不与其他员工打招呼，其他员工也不怎么搭理他。后来我从侧面了解到，这个小伙子原来是集团公司新招来的储备干部，被安排在旗下的分公司中熟悉业务。由于在进行工作交接的时候，分公司原先的负责人与各部门经理没有向我谈及这个人，所以我在入职时也就没与他正面打过交道，这相当于把他“忽略”了。

于是我找了个时间把他单独叫进办公室聊了聊，发现他还是很有想法的，也具备一定的工作经验。但他还是低落地说，本来以为进了大集团公司会有更好的发展前景，不料来了一个月了，也没什么人理他，所以心里直犯嘀咕，觉得自己不应该在这儿待下去了。我跟他讲：“既然来了，就不妨再耐心等等，这么大一个集团公司，机会还是很多的。就怕机会来了，你自己却没有准备好。在这段时间里，你要多观察、多了解，有什么不懂的，完全可以来问我。”后来，一个业务单位的负责人考核不过关，在整改期结束之后仍然没能达标，最终被我撤了职。我再一次把那个小伙子叫进了办公室，把那个业务单位负责人的岗位委任给他。我在向他交代完工作任务后给了他一个拥抱，说：“那个业务单位意义非凡，以后就靠你了。”三个小时之后，我收到了一条微信，是小伙子发来的：“领导，我已经在赴职的路上了。您之前给我的拥抱太让我感动了。您放心，我一定会尽心竭力，把工作做好。”果不其然，这个小伙子很拼，就职以后没过多久，便把那个单位打造成了分公司的业务标杆。

◎ 给新员工安排“领航员”

新员工在入职后，有很多手续要办理，有很多人要熟悉，也有很多规则要了解，虽然领导心里明白应该多关心他们，但领导毕竟还有其他重要的事务要处理，往往分身乏术。针对这一情况，管理者可以考虑在“90后”员工刚入职的时候，专门给他安排一位“领航员”，协助其完成上述事务。这个“领航员”最好是工龄低于三年的员工，因为这样的员工对公司的相关情况已比较了解，与新员工年龄相仿、便于交流，而且负面情绪相对较少，所以能更好地帮助新员工熟悉公司情况、克服陌生感。那么，有读者可能会问：“这样不会影响‘领航员’的工作吗？而‘领航员’又是否愿意接受这一额外的工作任务呢？”针对这样的问题，我们的解决办法是：如果新员工在“领航员”的帮助下顺利转正了，那么“领航员”就能获得十张“星巴克”的咖啡券。

另外，我还要向大家透露一个小秘密：我们与公司周边的很多店家都有类似的互动，目的就是扩大公司在周边商圈中的影响力。在这些店铺中，有很多打零工的大学生，这些大学生往往是很有想法、非常勤勉的，在未来的一两年内或许就会面临毕业后的择业问题，而且他们在打工期间，大多也已接受了基本服务礼仪的相关训练。鉴于此，我们便提前采取“渗透式”策略，对他们施加潜移默化的影响。最后的效果也在我们的意料之内，有好几个优秀的员工通过这一渠道了解了我们公司，并成功入职。

综上所述，新员工在入职的最初阶段是最容易“打退堂鼓”的，所以在这个阶段，管理者要尽量让他们“顺风顺水”，不要让他们产生太大的挫败感，以便让他们安下心来，平稳度过入职后的“客户体验期”。

◎ 感觉也是有价值的

美国人类学家西敏司在他1985年出版的著作《甜与权力——糖在近代历史上的地位》一书中写道：相对于涨微薄的工资，英国工人更愿意为了喝一杯加了糖的茶而努力工作。为什么？因为工资的小幅增长并不能给员工带来直接的快感，而这杯甜茶则能为之带来感官上的直接满足。这实际上也是即时激励与延时激励间差异的一种体现。

就目前中国主要的一线城市、省会城市来看，我们可以在地域上把那里的新生代员工划分为本地人和外地人。本地人自不必多说，他们有家人作为后盾，经济压力并不大，对他们而言，薪酬虽然重要，但并不是其“身价”的唯一体现形式，所以他们往往更看重在公司上班时的“舒适度”——较之薪酬，“感觉”更重要。

那么大家可能会认为，那些从外地来一线城市打拼的年轻人，该是为了改善自己原有的经济状况吧？而“经济杠杆”作为一种广义上的经济活动管理手段，总算有用武之地了吧？也未必。据我所知，有很多在一线城市的大公司中供职的外地员工，就是受其父母“派遣”，来开阔眼界、锻炼取经，以便学成之后回家“继承家业”的。你说，对于这样的员工，“经济杠杆”又能发挥多大的效用呢？

最关键的一点是，由于新生代员工的资历相对较浅，所以他们的薪酬也就往往不高，不过这一劣势却为他们插上了自由的翅膀——哪天我看你不顺眼了，干得不愉快了，那我走人便是，挥一挥衣袖，不带走一片云彩。

所以，我们可以看到，“谷歌”“微软”“苹果”“阿里巴巴”“腾讯”等国内外知名大公司对员工的“人文关怀”可以说是无微不至的——免费通勤车、免费美食、免费健身房、集体婚礼、带薪产假……你可能会不服气：“人家那可是大公司，我们中小型公司哪有这种能力与资金？”但说到底，“人文关怀”并不单纯体现在员工福利上，从根本上看，它是管理层对员工工作感受的基本尊重与推己及人的贴心考量，而员工也势必能够从中感受到管理者的用心。

早些年，我就在我们公司里想办法解决了员工的午间用餐问题。由于我们公司规模不大，在职员工也就五六十人，所以场地有限，无法开设食堂。虽然公司附近有不少餐馆，大家中午可以到外面去吃，但我也经常能听到员工埋怨，说外面餐馆的饭菜太贵，快要吃不起了。

恰好我们公司旁边有一家火锅店，由于顾客大多晚上来，故而中午的生意不太好。得知情况后，我便派公司行政部的经理去与店家商谈，最终达成协议：上午十点之前，公司员工在微信群里报名订餐，行政部经理在统计好人数后向火锅店订桌，火锅店则以每人十元的标准，荤素搭配着炒上七八个菜。这样，不仅员工们吃上了可口可心的午餐，火锅店也盘活了闲置资源，增加了营业额。由此，管理者应该意识到：只要有心，就能发现有很多类似这样有意义且值得做的事。

我还请过瑜伽老师在我们每天下班后给女员工上瑜伽课，你们相信吗？

扮演职场监护人的角色

◎ 什么是职场监护人

新生代员工入职之初会遇到各种情况，有的情况还不是“领航员”能够解决的，所以管理者要时刻关注他们的举动，体察他们的情绪，一旦发现问题就及时干预——这就需要管理者暂时扮演“职场监护人”这样一个角色。“监护人”，是指对无民事行为能力者和限制民事行为能力者的人身、财产和其他一切合法权益负有监护职责的人。监护人必须具有完全行为能力，并依法律规定产生。我们若对这一定义稍加修改，便可将之套用于“职场监护人”这一名称之上，即对无职场行为能力的人和只具备有限职场行为能力的人（如以“90后”为代表的新生代员工）的职场心态、行为和结果负有监督和保护责任的人。职场监护人必须具备完全职场行为能力，并应管理需求产生。

当然了，这并不是要求管理者像照顾自己的孩子一样无微不至地去照顾新生代员工，而是要根据他们依赖性特别强的特点，在职场范围内暂时替代其父母在他们心中的位置，让他们觉得你值得信任、依赖，在工作上有什么事会首先与你沟通，最终慢慢融入组织，成长为一个独立自主的“社会人”、一个合格的员工。有的管理者可能接受不了这一点，但你如果没有在新生代员工的心目中树立起职场监护人的形象、帮他们解决相应的难题的话，那么其父母可能就会“越职”干预自己孩子的工作。我曾听说我们公司有个员工在中午休息时被新同事的母亲约到楼下喝咖啡，说是为了感谢她在她家孩子刚入职的时候提供的帮助。这件事足以说明现在的家长对其子女工作的关注与上心。

我曾亲身经历过这么一件事：我们公司有一项福利采购业务，之前是由一个“95后”员工与目标企业接洽的，后来，另一个同事把这项业务给抢走了。原则上，这件事并无十分不妥之处，虽然对于传统渠道的业务，我们有明确的区域划分且员工不能随意跨区操作，但由于企业团购属于特殊渠道的业务，所以为了鼓励大家积极跑客户，公司就没有给员工明确划定区域与客户。可即便如此，那个被抢了业务的员工依旧觉得很委屈，并把这事告诉了他母亲，他的母亲听后，立即来电质问我。一开始，她还能心平气和地说话，但说着说着，情绪就越来越激动了，还高声斥责我们的考核机制不合理。放下电话后，我看了看通话时长，足足有38分钟，而我也相当于听了一堂半个多小时的“管理课”。对此，我不由得想：如果我们管理者能够提前了解这个情况，或者及时与这个员工进行一次正面的沟通，告知他公司中相关的业务细则，那么他对此事想必是会理解、接受的。

◎ 职场监护人要注意明确界限

我的一个助理，是个小姑娘，经常早上起不来床。有时候，她要和我赶早班高铁去上海上课，为了保证不迟到，她前一天晚上就干脆不睡觉了，因为怕一旦睡了，第二天就会误点。

有一次，她又和我一起出差，在排队进检票口的时候，我随口问她："昨晚又没睡？"

她说："睡了。"

我说："你不是说你一旦睡了就醒不了吗？"

她说："这回是我让我妈打电话叫醒我的。"

那一刻，我内心中最柔软的那处地方被触动了，正所谓"可怜天下父母心"啊！一想到自己也为人父母，我差一点儿就冲口而出："以后不要麻烦你的母亲了，反正我也是要早起的，还是我来喊你吧。"但我最终没有说出这句话，因为我觉得界限还是要划分清楚的。我在上文中提到，新生代员工管理的核心策略中有"强化界限"一项，那么职场与家庭间的界限究竟在哪里？既然管理者认为家长不应插手孩子的职场事务，那么自己也就不应插手他们的家庭事务。

我想了一会儿，对她说："你爸妈为什么让你在杭州工作？是不是为了让你更独立自主啊？如果你能够自己想办法解决这个问题，难道不是会让你妈妈更高兴吗？"

几天后，小姑娘兴奋地对我说："林老师，我室友给我想出了一个办法，让我在'淘宝'上买了一个'叫醒神器'。这'叫醒神器'不仅可以播放音乐，而且还能给手机充电呢。"

我问："管用吗？"

她说："太管用了！那声音足有110分贝，我若再醒不过来，那么楼上楼下的人就该醒了。"

现在，这个小姑娘再也不迟到了，而是改为一上车就睡觉，睡得跟个麻袋似的。

◎ 如何做好职场监护人

管理者若要扮演好职场监护人的角色，就应该在与员工进行日常沟通的时候，不要将谈话的内容局限在工作上，除了要多关心员工的工作进度、职业规划、同事关系之外，还要多了解员工的性格特点、兴趣爱好、思想观念等。总之，你对员工了解得越多，就越容易使他们对你产生信赖感并乐意配合你的管理工作。

比如，在聊天中，你讲到你参军时的趣事，员工可能会说“对对对，我舅舅说他参军的时候也是这样的”，你是不是感到你俩之间的距离拉近了？当你谈及昨天湖人队输了比赛时，你的下属可能会说“原来领导您也是湖人队的‘粉丝’啊”，你是不是感觉你们的关系更亲密了些？

为什么说熟悉程度会影响管理效果呢？就是因为熟悉会带来信任，而信任会促发行动。比方说，如果你的同事向你借一千元钱来应急，你可能马上就把钱给他转过去了；如果我在课间休息时向你借一千元钱，你可能就会有所犹豫，因为我们毕竟没这么熟，虽然你最后可能还是会把钱借给我，那也是因为你通过上课，对我有了一定的了解；但如果你在高铁站候车，这时，一个衣冠楚楚的人走过来向你借一千元钱，那么你还会借吗？这就是一个很直观的例子。

由此可知，管理者与员工对话、交流得越频繁，就越能被他们熟悉、信赖，而这种熟悉与信赖最终将转化为管理者领导力的一部分。

我们单位有个导购管理经理，平时很要强，在工作上也十分认真负责，但前段时间她的情绪比较低落，总是心不在焉，也经常在工作中出纰漏。我提醒了她几次，她也没什么改观，甚至脾气也越来越差。最后，她为了一件小事与其他部门的同事发生了争执，我把她叫进了办公室。这一次，我没有急着与她谈论工作表现，而是尝试着跟她聊孩子的情况。聊着聊着，她突然情绪失控了，哭着说最近自己与丈夫在感情上出了问题，现在已经闹到要离婚的地步了，但一想到孩子，就左右为难、情难自已。

对于这样的事情，我作为一个男性管理者，的确不方便做过多劝解，所以等她情绪平静以后，我便去找人事部的负责人商量解决对策，随后又与这位经理约谈。考虑到她目前的状况，我建议她带薪休假，安心处理家事，等事情处理好之后再抓紧返岗，以免因带着情绪工作而影响他人。这样，我们便向她充分展示了公司人性化的弹性管理与大局为重的底线原则。一个月以后，这位导购管理经理把家庭事务处理完了，重新返岗。她再三感谢公司为她保留着管理岗位，并表示一定好好工作，报答公司。

◎ 职场监护人沟通时的注意事项

当然，在沟通时，管理者也要把握一个“度”，不要让员工觉得我们过于“讨好”他们。所以，我们要注意选择合适的场合与时间，尽量不要在办公场所聊工作以外的事，以免造成工作时间的浪费；同时注意选择适当的时机，不要在员工不想聊的时候与他聊——人家刚刚被女朋友甩了，你却跟人家聊“最近与女朋友处得怎么样”，这就不合适了。

我曾经有一个“90后”的下属，他平时还是挺听话的，所以在偶尔发现他犯了错误时，我也就乐意给他指点指点，而他也能够虚心接受。有一次，我们一起坐车出差，我习惯性地就之前一件他做得不太到位的事提了一些建议。没想到，他这次的态度非常执拗，一连列举了好几条理由来反驳我的观点。直到抵达目的地、入住宾馆，我都在反复地回想刚才发生的这件事，越想越觉得奇怪。最后，我突然明白为什么他会闹别扭了——可能是因为车上还坐着一个年龄与他相仿的女员工，小伙子觉得我当着这个女孩子的面“批评”他，脸上有点挂不住，于是就想出各种理由来反驳我。

意识到了这一点，我哑然失笑，不禁想起一个同事曾经跟我说过该如何与这个员工沟通：“你得根据他走路时两边的肩膀是否晃动来决定是否要跟他沟通，因为他是个情绪外露的人。当他情绪高涨的时候，就会在走路的姿态上表现出来，这个时候，你跟他说什么成什么；但当他趴在桌上斜着眼睛看人的时候，你可不要去跟他说事，因为他正郁闷着，你若去跟他理论，他说不定会把气撒到你头上。”

你看，为什么有的人进步快，而有的人就算是反复跌跟头也不长记性？就是因为有的人会去琢磨事，不断地总结经验、提升能力，而有的人则是事过就拉倒。鉴于此，我们在与“90后”员工进行沟通的时候，一定要多注意这些情况、多总结方式方法，这样才能使我们的管理工作更具针对性与实效性。

◎ 职场监护人还要教技术教方法

作为职场监护人，当你发现新员工在工作中的表现有不足之处时，就要及时地给予他们方法、技巧上的指导。

以前，我们公司有一个新入职的市场部专员，可能是因为初来乍到且性格内向，所以有点怯场，在每次开会做简报的时候声音特别小，让大家听得很费力。我曾给他支过招儿，说经常大声朗读报纸有助于改善这一问题，但他依旧没什么改观。终于有一次，一个部门经理当场发飙了："某某，你能不能说话大声一点儿？我真的听不清你在说什么！"

会议结束后，我赶紧把他单独叫进我的办公室，问他："我让你读报纸，你读了吗？"

他说："没有。"

我说："你大概是当我在开玩笑了吧？但这的确是我自己的宝贵经验啊！"因为我小时候语言能力也一般，甚至每每在开口说话时，第一个词就是吐不出来，得顿一下脚才能说出来，这令我大为恐惧——不会就此变成结巴了吧？于是，我就拼命地练习，终于把这个毛病矫正了。但到三十多岁的时候，我又发现自己的语言能力跟不上思维能力了，有时候脑子里明明想到了，但就是表述不出来。于是，我就每天读一篇一千字左右的文章，如报纸上的社论，以此来锻炼口才。这期间，我经常找个没人的地方，把自己想象成播音员，声情并茂地大声朗诵。几周之后，我就发现我的舌头渐渐变得顺溜起来了。当然，我后来经常讲课，语言表达能力已不再是问题了。

我把我的这段经历讲给他听，并且要求他在家里也这样进行训练。一周以后的管理例会上，这小伙子一开口，大家都吃了一惊：怎么才过了一个星期，他就突然变得声如洪钟了呢？我与他对了个眼神，彼此会心一笑——这是我们俩之间的秘密。

主动对话

◎ 为什么新生代员工不善于主动对话

人们都说“70后”是线下的，“80后”是线上、线下两栖的，而“90后”则全然是“线上动物”，一旦面对面地进行交流，他们就像离了水、上了岸的鱼。由于工作需要，我加了很多“90后”员工的微信，我发现他们中的很多人在与我面对面地谈话时，往往表现得很木讷、拘谨，但是在微信上，他们则经常妙语连珠。

“90后”多喜欢通过手机、电脑在虚拟的世界中与人沟通，在现实社会中则并不乐于主动地与他人（特别是与组织里的长辈）交流，而是更希望他人主动建立对话关系。对于这一点，大家在逢年过节家人聚餐的时候也能体会到——一些孩子就只顾埋着头吃，吃饱了也不参与大人们的交谈，而是捧着手机玩得入迷，对长辈们有意与他们聊的话题如学习如何、工作怎样、有没有找对象之类的也嗤之以鼻，甚至在网上用各种段子来编排长辈们的苦心与善意。

其实，我们也可以理解他们的这个特点，因为他们从孩提时代起就是这么我行我素的，就是家长一直追在他们屁股后面，问他们要不要吃这个、要不要吃那个，而他们只需简短地回答“是”或“不是”，甚至将家长的叮嘱视为“絮叨”，表现得十分不耐烦。所以在踏上工作岗位以后，他们在潜意识里觉得领导也应该像家长一样，主动地关注他们、主动地与他们沟通，而他们只需被动地回应就好。有一回，我与我的助理约定好了时间碰面，但过了约定时间好一会儿，他都没有出现。我打电话过去问他是不是又迟到了，他说："没有啊，我已经等了好几分钟了。"我听后诧异道："那我怎么没见到你人啊？"原来，他是等错地方了。但是，这件事之所以令我难以接受，是因为他太"麻木"了——过了约定的时间都没见到我，他竟不觉得奇怪，也不主动给我打个电话核实核实。

没有办法，既然这是新生代员工普遍具有的特性，那么管理者就只有更主动一点，尝试着去开启这扇对话的大门。

◎ 为什么管理者需要主动对话

日本曾经有一位著名的表演大师，由于他的戏演得非常好，所以有很多人投在其门下学习表演。有一次，这位大师要登台饰演一个角色，候场的时候，一个细心的学生发现大师的鞋带开了，便马上跑上去提醒他。大师诚挚地感谢了这位学生，之后蹲下身去把鞋带系好。在目送学生高高兴兴地走远之后，大师又立刻俯身将鞋带解开，然后就上台表演了。

这一幕被一位细心的记者看见了，于是这位记者便在表演结束后专门采访了这位大师。在为演出的成功道贺之后，记者询问道："为什么刚才那个学生提醒您鞋带开了的时候，您俯身把鞋带系上，但等他走了以后又把鞋带解开了呢？"

这位大师解释道："其实，我是故意不系鞋带的，因为我在剧中要扮演一个远行归来的游子。为了演绎出他那种身心俱疲的状态，我故意设计了这样一个细节，象征着这个人走了很远的路，已经疲惫到连鞋带开了都意识不到的程度。”

那位记者更疑惑了：“既然是您自己设计的，那么当时那位学生提醒您的时候，您为何不把这一巧妙的构思告诉他呢？您既然是他的老师，就应该不失时机地把这类表演技巧传授给他呀。”

大师听了，说：“您说的这个‘时机’的确非常好，但还不是我传授他技巧的时候，因为这个学生是我新收的。一个刚入门的学生能够细心地发现问题并尽责地来向我反映，正是当下我最应该鼓励的。至于那些相对复杂的表演技巧，我完全可以在日后慢慢教给他。如果我现在就这样教给他了，那么他以后再看到类似今天发生的这种事情，还会主动来向我反映吗？这样就‘欲速则不达’了！”

上面的这个案例反映的虽是师徒之间的事，但对我的触动依旧很大。后来，我深刻地反思了一下，发现我们这些公司里的管理者，平时在工作中很少留意这样的问题。员工来找我们汇报工作，我们往往会说“是的，我知道”，以此来使自己显得英明、睿智，殊不知久而久之，我们就与员工疏远开来，慢慢变成一个管理上的“失聪者”，单凭一己之见处理问题。这是何等危险！很多管理者为什么会在决策上犯重大失误，其实就是因为没有人主动指出他们的问题。

《战国策·燕策一》中有云：“帝者与师处，王者与友处，霸者与臣处，亡国与役处。”这句话是很有现实意义的。领导身边如果都是一些阿谀奉承之徒，舒服想必是舒服的，但久而久之，他们就会丧失对自身的正确认知，进而做出错误的决策。

唐太宗李世民就非常注意这一点，大家知道，他手下的魏徵就经常给他提各种反对意见。据史料记载：一天，唐太宗正在把玩一只西域进贡的小游隼，这时内官报魏徵来觐见。太宗担心魏徵见他玩游隼又会数落他不务正业、荒废朝政，就想把那游隼藏起来。听到魏徵脚步声已近，太宗情急之下便将游隼藏进自己的衣袖里。等魏徵汇报完告退了，太宗才把那游隼从袖中取出，却发现游隼已经被闷死了。

我最初读到这则史料时不无疑惑：唐太宗作为一个经历过战场厮杀、骨肉相残等残酷政治斗争的铁腕君主，怎么会对一个下属怕到这种程度？完全可以你汇报你的工作，我把玩我的小隼，君臣和谐，互不妨碍呀！但他之所以这么做，想必是因为角色意识在当时发挥了主导作用，使他觉得在一个忠直严正的下属面前，自己不应该表现出轻慢荒怠的姿态，让下属为难——到底是劝谏还是不劝谏？不劝有悖于自己“谏诤无讳”的原则，劝又显得自己太过迂阔、不近人情。所以，唐太宗干脆把这个难题留给了自己，其良苦用心可知。唐太宗正是借魏徵这一忠臣典范，传达出了自己的一种圣明仁厚的“管理思想”——把权力关进笼子里。这在当时那个君权至上的年代，真是难能可贵地清醒啊！

其实，从零散琐碎的史料中，我们能够追溯出唐太宗这种思想的来源。司马光《资治通鉴》中记载：

上谓侍臣曰：“朕观《隋炀帝集》，文辞奥博，亦知是尧舜而非桀纣，然行事何其反也！”魏徵对曰：“人君虽圣哲，犹当虚己以受人，故智者献其谋、勇者竭其力。炀帝恃其俊才，骄矜自用，故口诵尧舜之言而身为桀纣之行，曾不自知，以至覆亡也。”上曰：“前事不远，吾属之师也。”

什么意思呢？某天，唐太宗对侍立于两旁的大臣说：“近日，我读了《隋炀帝集》这部书，发现隋炀帝文章辞藻渊雅、意蕴隽永，也认为尧舜施善政而桀纣行暴政，但他自己做的事怎么偏又与圣主明君相反呢？”魏徵上前答道：“身为君主，即便仁德明睿，也仍应虚心接受别人的劝谏，只有这样，智者才乐意贡献出他的良谋，而勇士也甘愿为其效力。隋炀帝恃才傲物、狂妄自大，行事刚愎自用，故而虽整日将尧舜的贤德挂在嘴边，可实际做的则是桀纣的恶事。最要命的，是没有人提醒他，致使他不能及时自省，最终难逃覆灭的结局。”唐太宗听后，深有感触地说：“前人的教训就在眼前，我辈应当引以为戒啊。”

所以，管理者一定要跨过权力为我们设置的魔障，开设更畅通的上下级沟通对话的渠道，只有这样，我们才能使头脑时刻保持清醒，使行为不至沦于荒悖。

◎ 叩开新生代员工的“心门”

马未都曾经在一档谈话类节目中谈到：与年轻人沟通时，不要一上来就在观点上否定他们，因为这样可能会使他们直接扭头回到房间并把门给关了。这个“关门”一语双关，所关的既是“房门”又是“心门”，而且这“心门”一旦关上，以后的对话就很难继续了，所以他特别强调，在与孩子沟通的时候，大人要保证自己与孩子“在一条沟里”。他现身说法——当年，他的儿子在14岁时早恋了。他得知后，就对儿子说：“你这不算早，我当年比你还早。”儿子一听，马上来劲了：“原来爸爸你这么厉害！”马未都对此事先采取了“冷处理”的方式，不与儿子讨论孰是孰非，几天以后，他找了个合适的机会，对儿子说：“最初尝试的事往往成不了，这是普遍规律。所以，你不用太看重它，以致分了心、耽误了正事。”最后，马未都总结道：“不管孩子做什么，你都先别跟他谈论对错，而是先与他站在一起。”节目中的另一位嘉宾李玫瑾也举了个例子——一位父亲对他早恋的儿子说：“那个女孩儿是不错，你挺有眼光的。如果你决定在县城里安家了，你可以选择她；但如果你希望去北京发展，你就得再好好考虑一下。”

马未都与李玫瑾所举的两个案例有一个共同点，那就是大人都不急着否定孩子的想法，而是站在孩子的角度，设身处地地为他们提出建议，让他们自己考量并做出决定。这就是年长者在与年轻人沟通时应采取的正确方式。因为新生代员工往往很在意沟通方式，所以你虽是管理者，也需要以正确的方式来表明态度，不然就算你的观点是对的，他们也会不以为然、不屑一顾，甚至开启“怼人模式”。

◎ 了解新生代员工的语言风格和行为模式

要打开与新生代员工的对话之门、实现与他们的良性沟通，管理者还得了解他们的语言风格。

我妻子在送女儿去大学报到的时候，竟然“神通广大”地混入了女儿的“同学交流群”，心想这下好了，可以潜伏在里面随时探听女儿的动向了。在回家的路上，她还跟我嘚瑟，炫耀自己的聪明，可不等到家，她就发现自己被“踢”出了群。原来，她为了避免被识破，便在回复时每每用上微信系统自带的表情，可聪明反被聪明误，这一举动立马使“90后”们识破了她的“真身”——因为“90后”都是“表情包”达人，是根本不屑用微信系统自带的表情的。

包括“90后”们现在常用的一些词汇，如“杠精”“吃土”“油菜花”“玛丽苏”“我好方”“够吃藕”等，你若不了解，就根本无法与他们沟通。我虽不建议大家也去使用这样的语言，但还是希望大家能了解它们的含义。其实，这也并不难——互联网时代，万事不求人，有事上“百度”，答案容易找。

除此之外，我们还应该知悉新生代的行为模式。当“80后”们正在努力摆脱“中年油腻”的“标签”时，“90后”们竟然已经先行一步，走上了养生之路。据“淘宝”数据显示，“90后”已逐渐成为“养生市场”的主力军。这是“90后”向“80后”的宣战——“90后”对已在组织内部掌握实权的“70后”不甚在意，觉得与他们比没有意义，但对“80后”则格外看不入眼，觉得自己比他们优越得多。

“‘90后’养生”这一社会文化现象，固然源自令“90后”身心俱疲的现实生活，但也在一定程度上印证了“90后”群体本能性需求与自我实现需求两极分化的矛盾属性——“朋克”养生、纠结的人生。

◎ 主动沟通时需注意的要点

鉴于上文所述，在与新生代员工沟通时，除了要采取积极主动的态度之外，管理者还要注意以下两点：

首先，在表达时不要拐弯抹角，而要开门见山、直奔主题。中国传统社会中的沟通方式往往过于含蓄、惯用隐喻，比如汉武帝希望霍光以后能够好好地辅佐幼帝刘弗陵，便专门命宫廷画师画了一幅周公背负成王朝见诸侯图赐予霍光，意在嘱咐霍光要像当年周公辅佐年幼的周成王一样辅佐刘弗陵。霍光也的确领会了汉武帝的用意，圆满地完成了使命，成就了一段“君臣相得”的佳话。可是，新生代员工并没有工夫来揣度你话中潜藏的寓意，所以对他们说话就要直白简明。

其次，在一些技术性的问题上，多采用开放式、集体式的沟通方法。我有一个习惯，如果下属来找我谈一件事，我会先问他是否急于求得结果，如果不急，我会建议他再多考量一下，将来拿到管理会议上大家集中讨论。采取这样的方式有几点好处——

便于集思广益，从而获得更完善的解决方案。两个人讨论出来的结论肯定不及十几个人讨论出来的妥当。

简化宣贯环节，优化执行效果。大家由于参与了讨论，对议案的认知更加到位，故而能在执行时减少偏差。

搭建平台，促进团队沟通。大家平时各干各的，缺乏互相了解的机会，现在搭建这么一个平台，大家都可以把问题提出来，向他人求教。这样，既增进了员工之间的了解，又加强了工作上的协同。

通过正确价值观的宣贯，促进团队成员的成长。在这样的场合，领导能避免陷于一些琐细多歧的问题中，而是通过员工自己的论辩来化解纷争，从而能高屋建瓴地把控全局，统一思想，明确边界。

增强领导的可信度和影响力。在主持这种讨论性会议的过程中，领导易占领组织的理论高度与道德高度，从而增强自己在新生代员工心中的可信度和影响力。

以信任代替权威

◎ 组织形式变化导致权威式管理式微

正如上文所说，传统组织中的管理手段主要是“控制”与“指导”，“树立权威”是传统的核心管理模式。

我记得我第一次出任管理干部的时候，我的领导就嘱咐了我一句话：“到任以后，与下面的员工不要走得太近。”当时，我虽然向领导表达了谢意，但终究理解不了这句话暗含的深意：为什么不要与下属走得太近？不是整天说要与群众打成一片吗？多年后，我才想明白——因为“前喻文化时代”中的主要管理模式是“控制”，而“控制”的实现主要依赖于领导对权力的绝对掌控及其权威地位的确立，所以只有让被管理者产生足够的敬畏感，领导才能有效地对其进行控制。

曾经，我去香港某集团开会，见他们的员工食堂与领导吃饭的地方是分开的，便向陪同者询问原因。陪同者说，他们之所以如此设计，就是为了使领导在员工面前保持一定的神秘感和威严感。

“90后”是特立独行的一代人，社会为他们提供了足够大的择业空间，个人创业的门槛也在不断降低。他们从来都不认为自己与组织之间是从一而终的关系，而认为只是一种合作关系、互惠关系。他们在组织提供的平台上通过自己的努力来实现自己的目标和理想，并由此为组织带来效益，故而他们认为自己与领导的关系也只是一种伙伴关系、一种临时组成的同盟关系，而不是我们以往理解的那种从一而终的上下级关系甚至古代那种主仆关系。

有一次，我给某机关单位的领导与职工讲课。在我上课期间，一个职工忽然从最后一排站起来，一口气跑到第一排，为领导们续水，续完水后又一溜烟地跑回最后一排坐下。过了大约二十分钟，他又噔噔噔地跑过来续水。整个过程中，这个人没有呈现出半点尴尬之态，领导们也都坦然受之，而其余的学员也都是一副熟视无睹的样子，没有流露出丝毫错愕的神色，仿佛一切都是再正常不过的。这就是以“控制”为主流管理模式的情境下的员工与领导间的关系。

但我们若要求“90后”们也这么做，可能就困难多了，正如上文中提到的那个入职第一天就辞职的行政部专员一样，他们无法接受类似这样的待遇，认为这样的待遇有似对他们的侮辱。从小在家中说一不二、被捧在手心里的新生代没有这样伏低的经历，他们的父母为他们提供的物质条件也使他们没有必要为了工作放弃“尊严”。所以，“90后”也未必是不尊敬领导，他们只是觉得自己与领导之间应该是一种平等的关系，故而倾向于以对待朋友的方式对待领导。在这种情况下，管理者若还觉得自己应该像以往一样通过端架子、摆威风的方式来树立自己一呼百应的形象，那恐怕就未必能得偿所愿了。

◎ 管理者要有足够的气度

管理者还要能够包容新生代员工的一些行为和语言。新生代员工所说的某些话语在管理者听来可能很刺耳，让管理者感到自己的权威受到了冒犯，但其实，这可能只是新生代员工对自身感受的一种个性化表达，并不含有人身攻击的意图。推己及人，谁不曾度过年少轻狂的岁月呢？谁不曾有过渴望张扬个性、挥洒激情的年纪呢？相信随着时间的沉淀，他们身上的青涩与毛躁会渐渐褪去，人也会日益稳重、懂得沉潜。明白了这一点，管理者就要有足够的气度，与新生代员工展开充分的对话，不要动辄发火，而要在确保头脑冷静的前提下拿出解决问题的方案。

晚清名臣、洋务运动主要领导者李鸿章，年轻时曾入曾国藩幕府，负责起草文书。由于他生于官宦之家，自小养尊处优且又少年得志，所以一直自视甚高，曾写下“一万年来谁著史，三千里外欲封侯”的诗句。他的老师兼领导曾国藩虽说他“才可大用”，但同时也认为他锋芒太露，若要独当一面，还需多多磨砺，所以时常敲打敲打他。就像现在的新生代员工一样，李鸿章也有自己看问题的角度与处事的主张，故而与同僚发生争执甚至当面顶撞上级是常有的事。有时候，李鸿章因心中气闷，故虽明知曾国藩每日必等幕僚都到齐后才一起用膳，但依旧借故不来或有意迟到。曾国藩却从不以师长、上级的身份与权威来压制李鸿章，反而总是耐心地请人去喊他过来一起用膳，并拿自己的处世之道——“待人唯一‘诚’字”来劝勉李鸿章。后来，曾国藩想将湘军主力移驻祁门，但李鸿章认为祁门地处万山丛中，是兵家所忌的“绝地”，移驻不妥，便率众幕僚极力反对，终至愤而离营。对此，曾国藩不仅依旧不以为忤，反而请胡林翼等人出面，苦口婆心地将他劝了回来。曾国藩的拳拳苦心终于感化了李鸿章，使得他在思想、性格乃至办事能力上都有了很大的改观与提升，最终成为晚清历史上举足轻重的风云人物。李鸿章对曾国藩的教诲铭感于心，在晚年时曾说：“我从师多矣，毋若此老翁之善教者。”

但令人遗憾的是，由于自身个性问题，李鸿章在对待下属的时候就缺乏其恩师与领导曾国藩那样的气度和胸襟，对下属的不同意见，时常会表现出不耐烦的尖刻态度。

甲午战争初期，中日交战的主战场在朝鲜。当时，清廷租赁英国怡和公司商船“高升号”运兵驰援属国朝鲜。李鸿章为了保证运兵船队顺利抵达，曾给手下的北洋水师提督丁汝昌发电：“汝须统大队船往牙山一带海面巡护，如倭先开炮，我不得不应，祈相机酌办。”由于对战场形势另有判断，丁汝昌便在回电中表述了自己的观点：“牙山在汉江内口，无可游巡，大队到彼，倭必开仗，白日惟有力拼，倘夜间暗算，猝不及防，只听天意。”李鸿章读后，觉得自己受到了冒犯，便回电驳斥道：“牙山并不在汉江内口，汝地图未看明。大队到彼，倭未必即开仗，夜间若不酣睡，彼未必即能暗算。”并且又对丁汝昌进一步冷嘲热讽道：“所谓‘人有七分怕鬼’也。叶号电，尚能自顾，暂用不着汝大队去。将来俄拟派兵船，届时或令汝随同观战，稍壮胆气。”意思是：“既然这样，你干脆也不用去了，我也不是非要靠你。等俄军协助出战的时候，你再来一旁观战练练胆子吧！”丁汝昌在接到李鸿章的回电后，果然按兵不动……结果正如大家所知，运兵船队在丰岛海域遭遇了日本联合舰队的伏击，“高升号”被击沉，舰上八百多名清军将士葬身海底，奏响了甲午海战北洋水师全军覆没的悲歌序曲。

下属有不同意见是正常现象，甚至从某个角度来看，这也是下属认真负责的一种表现，所以在这个时候，上级领导要展现出足够的气度，虚心听取下属的意见，客观评估其建议的可行性，以便使自己做出正确的决断。

◎ 管理者切忌武断

管理者还要切忌武断。管理者一般都经验丰富，经验丰富的人往往又会自恃才具、固执己见并最终陷于武断，而武断通常是差谬产生的根源。

我们单位有个年轻的职员，某天，他三岁半的儿子从幼儿园回到家，问了他这么一个问题："爸爸，我是从哪里来的？"在我们小的时候，很多父母就像串通好了一样，对这个问题会给出一个所谓的"标准答案"："你是我们从垃圾桶里捡回来的。"但现在的父母可不会对孩子这么讲了。我那同事听了，觉得很好笑——这么小的孩子，就开始关心这样的问题了。但这个同事也很"狡猾"，他没有直接做出回答，而是反问了儿子一个问题，其实主要是为了给自己争取时间来思考。他问道："儿子啊，你为什么想知道你是从哪里来的呢？"谁料儿子回答说："因为今天我们班里新来了个小朋友，他说他是从天津来的！"你看，我的这位同事是不是差点儿犯错啊？于是，他啼笑皆非地说："你这臭小子！明天告诉他，你是杭州人。"所以，我虽然不否认管理者往往有着丰富的工作经验与人生阅历，但也不能拍着胸脯说我们已经对各类情况都有了全面的了解、对所有线索都做了细致的梳理，而倘若我们对第一手资料都未能充分掌握，又怎么敢说我们凭原有经验而得出的结论一定是正确的呢？

我自身也有过类似的经历。早几年女儿还小的时候，我偶尔会送女儿去上课外辅导班。一堂课一般也就两个小时左右，所以我往往就在辅导班附近找个地方待着，等她下课以后再接她回家。有一次，在我们去上课的路上，女儿忽然向我建议道："过会儿我去上课时，你不用在那儿干等，可以去奶奶家看看，等时间差不多到了再来接我就行。"当时，我虽略感诧异，但也没有多想，只觉得女儿变得懂事了，知道敦促我去看望长辈了。不凑巧的是，母亲那天恰好不在家，所以我就又提前回到了上辅导班的地方。不料刚一到，我就迎面撞见女儿和两个同学嬉笑打闹着跑了过来，对上眼后，双方都是一愣。我联想到之前女儿怪异的言行，马上判断这是她的预谋，就责问道："你去哪里了？"

她说："老师迟到了，所以把课推迟了一个小时，现在还不到上课的点儿呢。"

我想到自己也是老师，每次上课为了避免迟到，我都是提前半个小时就进教室的，所以真的难以相信一个老师能迟到一个小时。我发火了："老师会迟到一个小时？你分明就是在撒谎！"

女儿也气呼呼地反驳道："你不相信拉倒。你回去吧，我不用你接了，下了课我自己坐公交车回去！"说完，她便转身往教室走去。

不接就不接，当时我一肚子火，索性掉头往家走。在回家的路上，我收到了妻子发来的微信，质问我为什么让女儿受委屈了，还发了师生的聊天截图给我看，让我知道女儿没说谎，的确是老师迟到了。后来，在妻子的“胁迫”下，我诚恳地向女儿道了歉，并在女儿的“控诉”中深刻地认识到了自己的错误不仅在于因武断而错怪了她，更在于使她在同学面前丢了面子！

◎ 让子弹飞一会儿

电影《让子弹飞》的第一个场景是这样的：数匹高头白马飒沓而来，车轮与铁轨撞击得隆隆作响，两节火车车厢在马匹的掣引下疾驰于崇山峻岭之间。不远处的山头上，站着由姜文扮演的土匪张麻子。张麻子举起步枪连开了几枪，一旁的喽啰问：“没打着？”张麻子把枪往怀里一搂，淡定地说了一句：“让子弹飞一会儿。”整部影片中，只有这么一句台词是与片名紧密挂钩的。我们都知道，电影与电视剧不同，电视剧可以通过演员大量的台词与环环相扣的情节来细致地陈述故事，而一部优秀的电影则要在两个小时左右的时间里对一个完整的故事进行浓缩与提炼，所以其中的每一句台词都是伏脉千里且惜墨如金的。我想，这句点题的台词一定源自导演姜文最深刻的自我体会与最想向观众表达的人生感悟。

“让子弹飞一会儿”是什么意思？就是指我们在处理事情时，要先静观其变，不要操之过急。有时候，管理者的确是太过心急，见风就是雨，什么事情布置下去，都希望下属积极响应、立马就办。但很多时候，我们眼下看到的情况并不能涵盖事物的各个方面，故而此时出招，就未必能正中要害、立竿见影，反而容易把事情搞砸。之所以“让子弹飞一会儿”，就是为了让事情经过一段时间的发酵，理路显现得更清晰，症结暴露得更彻底，以便我们对症下药、获致奇效。我们在看刑侦片时，往往能看到这样的情节：在发现犯罪嫌疑人之后，刑警队长说“先不抓，看看他与什么人联系，咱们放长线钓大鱼”。这也是同样的意思。

所以，无论是在工作中还是在生活中，我们在听到一句不中听的话后，不要急着生气、反唇相讥，而要静下心来好好体味一下这句话，说不定你很快就会发现说这句话的人其实并没有恶意，是自己误解了；而当我们发现自己陷入了一个对自己不利的局面中时，也不用慌着采取应对措施，而要保持淡定、从容的心态，“让子弹飞一会儿”，最后你可能就会发现这只是个偶发事件，并无大碍。

鉴于此，我们在与“90后”员工沟通时，也要“让子弹飞一会儿”。“90后”大多比较自我、逆反心重，就算他们认为你是对的，也未必会马上表示赞同，反而通常表现得十分淡然，仿佛你说的完全是无关痛痒之辞，让他们提不起丝毫兴趣。正因为如此，很多管理者会觉得自己遭到了漠视，进而心生愤懑。

其实，在大学里也一样，有时候上堂百十人出席的大课，你会发现相当多的学生都抱着一台笔记本，全神贯注地盯着屏幕，根本不看老师。那他们到底听没听呢？也听，只是他们已经不像从前的学生那样，在上课时把两条胳膊叠放在桌子上、目不转睛地盯着老师了——他们觉得这样像个小学生而不是大学生。

其实，“90后”们在内心深处早已接受了你的观点，但由于他们个性自我，所以希望最终呈现出的行为结果并非是他们对这一观点的“服从”，而是他们自主的判断与决定。考虑到这一点，当你说出一个有关“强化界限”的观点或要求以后，你不必强求“90后”们马上异口同声地表示赞许，而是可以先“让子弹飞一会儿”，看看他们在后续的工作中是否是按照你的要求来做的。如果是，那么恭喜你，你的管理策略见效了；如果不是，那你不妨再与他们做私下交流，这对问题的解决会有益得多。

正确对待热情

新生代新员工刚刚入职时心气一般都比较高，总是热情洋溢的，这应被视为一种良性态势。在这个时候，管理者要尽量呵护他们的这种热情，逐步将其引入正在开展的工作中，而不要去压制甚至打击他们的积极性。

我们公司的领导有一个远房亲戚在国外留学，学习工商管理专业。学成归国后，他写了一份足有七十多页的报告，详细地分析了我们公司的现状、市场竞争态势、存在的问题、问题产生的原因、相应的解决办法，以及未来的发展战略等，之后便通过电子邮件直接发到了领导那里。领导看后，又转发到了我这儿，说："这个人，你们可以考虑一下。"

大家或许时常会想，这帮"90后"到底是从哪里获得的这么多的自信？我在这里不妨将这一问题展开，与大家聊一聊。

◎ 邓宁－克鲁格效应

美国曾发生过一起现实版的掩耳盗铃式案件。一个问题青年于深夜洗劫了游乐场中的一家便利店，当第二天看到警察找上门来的时候，这个青年简直是难以置信，因为他认为只要把柠檬汁均匀地涂在脸上，监控摄像头就无法在夜间拍清他的脸。邓宁与克鲁格二人对这起案件很感兴趣，于是他们对相当数量的人的各类技能如驾驶、下棋、打网球等进行了研究，最终得出了一个结论：越无知的人往往越自负。

其实，达尔文早在百余年前就发现这一“规律”了，他曾经说过：无知要比博学更容易让人产生自信。

而司马迁更是在两千多年前就发现了这一现象，他在《史记·西南夷列传》中记载了夜郎国国君向汉朝使者发问：汉孰与我大？弄得汉朝使者哭笑不得。

我们时常能发现，有的人因受其思想学养与阅历经验的局限，往往是不了解其认知世界以外的天地的，这正应了一句西方谚语：如果你手上的工具只有锤子，那么什么问题在你看来就都像是个钉子。所以，他们就会以自己局部的认知来解释整个世界，而他们的言语、行为在认知水平更高、知识储备更多的人看来，就会显得愚钝蠢笨——这就是“邓宁－克鲁格效应”中所谓的“愚昧之巅”。

从客观上说，新生代员工身上的那种自信源于其家长的过度关注与保护。众星拱月般的“焦点式生存”使他们的需求一直被充分满足，也使他们缺乏必要的挫折教育。另外，时下风靡的各类选秀节目、网络红人、直播平台等，也使他们的头脑中产生了一种“从草根到精英仅一步之遥”的错觉，故而他们往往一边沉浸在良好的自我感觉中，一边越来越脱离真实的社会。

从主观方面而言，新生代员工所具有的超强的学习能力和多项任务处理能力也在一定程度上给他们带来了这样的自信。有一次，我们几个中年大叔打麻将，三缺一，便临时喊来一个“90后”充数。

这个“90后”一边打麻将，一边捧着手机入神地看。虽然他自始至终都没放下手机，但还是连吃带碰的，一点儿都不耽误自己和牌，搞得我们几个中年大叔很“受伤”。在新生代看来，专心致志地做一件事简直就是“浪费时间”，他们在追剧时经常会以1.5倍速播放，同时还要浏览弹幕。

所以，当你看到一个“90后”员工戴着耳机工作时，你就要知道，这可能是使他集中注意力的一种方法，因为在音乐的包围下，他会觉得自己已从人声嘈杂的大办公区中跳离出来，进入了个人空间，进而能够冷静地思考。

“美团”副总裁王慧文曾经围绕着“邓宁－克鲁格效应”说过这样一句话：“有担当的管理者的一个重要责任，就是把下属从愚昧之巅推到绝望之谷，至于他能否爬上开悟之坡，就看他的造化了。”王慧文的话虽有道理，但也有片面之处。总的来看，这句话可能更适用于“80后”，更适用于管理层，更适用于类似“美团”这样人员流动性强、梯队人才储备充足的企业——因为有足够大的回转空间。但如果你身处小规模企业，面对的是“90后”新员工，你若把他们都推下“悬崖”了，那谁来干活儿呢？所以，对于新生代员工，我们可能还需要考虑得更慎重一些。

◎ 领导要为员工站台

说到这儿，我想起了一件事。某个周日，我中午回到家，发现家中是一反常态的安静，仔细一看，原来是妻子女儿俩人闹了矛盾，各自待在各自的房间互不搭理。我就去问妻子出了什么事，妻子说："你看你，把女儿惯成什么样了！说了她两句，她还不高兴了。"原来，母女俩去超市买了牛排打算中午吃。女儿兴致比较高，说自己来煎，妻子听后自然高兴，就放手让女儿来做，自己回卧室玩手机去了。但女儿只有下厨的兴趣没有下厨的经验，所以犯了三个错误：第一，没有开油烟机；第二，用铁铲子在不粘锅里来回铲；第三，不知道开多大火、煎几分熟，以致把牛排煎煳了。妻子闻到了一股浓烈的煳味儿，便赶忙跑进厨房。看到这一幕后，她有点儿"崩溃"，便口不择言地说了女儿几句，而女儿也一向脾气执拗，听不得训斥，于是俩人就此闹掰，各人进了各人的房间，打起了"冷战"。在了解了情况之后，我就跟妻子说："这是你的不对。"妻子不解道："怎么是我的不对呢？"我说："你想，女儿就好比一个新员工，面对着一项新任务，既然她有完成这项任务的意愿，那么你作为'领导'，就应该对她的这种热情予以鼓励。但同时，你也要知道她缺乏实际操作的能力与经验，并要做好接受其失败的心理准备，因为成长是需要付出代价的。当然，如果你想把这一代价降至最低，那么你就要为她'站台'——虽放手让她来做，但也要在一旁观察、指导，在她做得好时予以表扬、鼓励，见她做得不当了，也要及时进行指正。可是你倒好，对她完全放任自流、不闻不问，等她出了问题，你又要去责怪她，你觉得这合理吗？"妻子听后，沉默良久，脸上似有悔意："那你说现在该怎么办呢？"我说："解铃还须系铃人啊！"于是，她去厨房削了一个苹果，进了女儿的房间。半个小时之后，两个人嘻嘻哈哈地走了出来，一齐把矛头对准了我："都是你不好，这么晚回来，害得我们俩到现在饭都没吃。赶快请客！”

言归正传，后来，我对领导推荐的那个年轻人说：“领导对你的主动性与能动性是非常欣赏的，但他也对我们说，一个优秀的员工，不但要能发现问题，还要能切实地解决问题。所以，我们需要通过具体工作来判断你到底是不是个实干家。你在报告里提到的那些问题，领导也是清楚的，但解决起来，牵涉面可能会极广，难以一蹴而就，不能操之过急，所以我建议你不妨再认真地考虑一下，你的报告中有哪项工作是当前最容易推动的。你也可以去业务单位逛逛，跟着业务人员跑跑，看有什么问题是通过实际举措就能被解决的，然后再脚踏实地地去完成一项真正对公司有益的工作，以此来证明你的能力和价值。”

员工缺少工作经验，这固然是个问题，但也可能是种优势，因为他们没有“包袱”，没有思维定式，所以有时反而能给我们呈现出意想不到的好结果。据说，观光电梯的发明创意并非源自工程师，而是源自一个扫地的老太太。当年，西门子公司的一些施工人员给一栋老楼装电梯，动用设备在楼板上开电梯井。这时，一个扫地的老太太走过来大声质问：“我刚刚扫干净的地怎么又被你们搞得那么脏？！”

工人回答：“施工嘛，就是这样的。我们在这里装电梯呀，实在没有办法。”

老太太又说：“电梯难道就不能装到楼外面吗？非要装在楼里面不可？”

哎，是啊，为什么一定要装在楼里面呢？工程师们一直将电梯设置在楼内，已经形成了思维定式，而这位老太太没有这种从业经历，思想就未被类似的成见禁锢，所以她能在毫无相关知识储备的情况下冲口说出看似荒诞实则可取的想法，促使观光电梯应运而生。

◎ 即时满足能力与延迟满足能力

新生代员工虽然热情高涨，但这种热情通常维持不了多久，因为他们兴趣广泛，注意力时常转移，往往缺少恒心与毅力，所以一旦在工作中遇到挫折，就有可能知难而退。

著名心理学家沃尔特·米歇尔曾经设计了一个著名的实验。他找来一些儿童，让每个人单独待在一个只有一张桌子和一把椅子的房间里，桌子上放着他们爱吃的糖果。研究人员告诉他们，他们既可以在研究人员走后就吃掉糖果，也可以等研究人员回来后再吃，而且那些等研究人员回来再吃糖的孩子能再获得一颗作为奖励的糖果。交代完毕后，研究人员离开了房间并通过监视窗观察这些独处的孩子。可以看到，最初，孩子们都非常煎熬，试图通过各种小动作如揪衣角、唱儿歌、绕着桌子跑圈儿等来分散自己对糖果的注意力，以期压抑吃的欲望。但最后，大多数孩子都无法坚持下来，选择将糖果吃掉，只有少数孩子成功地克制了这个欲望。这段时间，足有15分钟。

通过进一步的深入研究，沃尔特·米歇尔发现，那些延迟满足能力相对较强的孩子在进入学习阶段后往往更有自制力，也更容易在各个领域中取得出色的成绩。沃尔特·米歇尔的这个实验做于20

世纪60年代，相信如果现在再做一次的话，那么能坚持到研究人员回来再吃糖的孩子或许会更少。新生代之所以延迟满足能力普遍较弱，是因为他们自幼便被家长百依百顺地养大，选择的空间很大，除此之外，他们在成长的过程中又接触了大量的电子游戏，而这些游戏的特点就是闯关晋级、即时激励，所以他们很难为实现一个目标而去付出长期的、艰苦的努力。鉴于此，欧美很多发达国家的薪酬体系设计就遵循了这一规律：越是层级低的岗位，工资的发放周期就越短，往往实行日薪制甚至时薪制，而层级相对较高的岗位则一般采用月薪制，某些高级管理人员甚至是按照年薪制领取薪酬的。

有这么一个故事，一位富豪的儿子希望父亲给他买一辆保时捷跑车作为生日礼物，但这位富豪并没有答应儿子的请求，这让他的儿子十分失落。富豪对儿子说："爸爸并不是没有钱给你买这辆保时捷。当年我在创业的时候，开的也只是夏利。后来通过努力，我将夏利换成了桑塔纳、奥迪……直到买了现在的奔驰。每次换车的时候，我都觉得通过自己的努力而获得的回报是格外珍贵的，心中的喜悦也是难以言诠的。正是因为希望你能够通过自己的努力去收获这样的喜悦，所以我才拒绝了你的请求。"我们不得不为这位富豪的教育方式鼓掌，因为他既没有对孩子一味地娇惯纵容，又借机培养了孩子的延迟满足能力，的确非常高明。

◎ 调整薪酬体系，维护工作热情

那么管理者该如何维护新生代员工的工作热情呢？要处理好这

一问题，我们不妨考虑在薪酬结构上做一些调整。企业薪酬体系的制定，在大原则上要兼顾外部竞争性、内部公平性与人力成本合理性三条基本原则。在不违背这些原则的前提下，我们可以采用诸如降低基本薪酬、调高绩效薪酬、提升福利待遇等激励手段。这里的“福利”不能仅仅包括五险一金、交通费、通信费、餐补费之类老掉牙的常规内容，因为这些所谓的“福利”于新生代员工而言并无较大的吸引力。很多事物，他们只要觉得是必要的，就不介意自己掏钱来获得。比如现在越来越多的年轻员工不再不依赖公司的 Wi-Fi，而是为自己办了大流量“套餐”，以确保他们在任何时间、任何地点都可以开一局游戏。鉴于此，我们不妨增添一些更吸引年轻人的福利项目，如集体旅游、聚餐、K 歌，甚至手游比赛等。这些活动不仅深受当下年轻人欢迎，而且也能起到凝聚人心、增进友谊的作用——那些外来的务工人员，平时就缺少家庭的温暖，一日三餐也未必讲究，所以公司若能时不时地组织个聚餐，那么对他们而言，还是非常具有吸引力的。

我曾经给“微贷网”的员工上过课，课上有一个互动环节，就是要求学员以小组为单位，根据所学内容，结合公司现状，讨论并提出一个可行性较强的公司效能提升方案。按照我原有的理解，这个讨论应该是围绕着业务流程改造进行的，而得出的结论也应是相对明确、可被预知的，所以在布置任务的时候，我并没有为学员设定方向，而是鼓励他们进行发散性思考。但后来我才意识到自己武断了，因为在讨论的时候，我发现四个小组中，有三个小组的议题是关于改善公司员工关系的，只有一个小组的议题是涉及业务流程改造的，而且这一组中碰巧有个“80后”的干部，正是他主持了这次讨论。在了解了情况之后，我若有所悟：此次讨论所呈现出的特点，在一定程度上反映了新生代员工在公司层面上的基本诉求。

当然，若要实行这样的薪酬结构调整，我们就会意识到管理者在招聘环节准确甄别应聘者“魔系”“佛系”属性的重要性。因为如果员工都是“佛系”青年的话，那么此类薪酬结构调整反而通常是他们不乐意看到的。

◎ 具有弹性的激励措施

我有一个非常优秀的下属，平时工作认真勤勉，很受大家认可，于年终获得了“年度优秀工作者”的殊荣。颁奖结束后，她走进我的办公室，小心翼翼地向我提出了一个请求——她想放弃为“年度优秀工作者”颁发的奖金，而向公司讨一个“弹性工作时间”的奖励，并且再三保证，说自己的工作不会因此而受到影响。我知道，她之所以提出这一请求，是因为她的孩子一直身体不好，要经常去医院，以前，她也时常为此向我请半天假。

当时，我考虑了很久，因为从来没有人提过这样的请求，公司也没有这方面的先例。在与行政人事部的经理做了一番讨论之后，我最终准许她在当年内可享有这一权利，同时将这一激励措施的推行决策在公司内部进行了传达，让众员工明白，这一激励措施不是为某一员工特设的，而是一个将于日后被贯彻实行的新规则，公司完全可以接受此类与激励方式相关的合理要求，但前提是员工要以优异的工作业绩作为赢取额外的奖励性权益的“资本”。所以，对于新生代员工，我们不妨设身处地地为他们考虑一下更适合他们的激励方式，问问他们更需要什么样的奖励，以期使激励方式真正产生实效。

同时，若条件允许的话，管理者还可以考虑为员工设立定期轮岗制度。以前，我们集团公司的分公司经理普遍有“搓麻将”的习气。所谓“搓麻将”，通俗地说，就是一个干部在一个岗位上干得久了，便会产生一定的惰性，甚至开始搞“地盘主义”，任人唯亲。所以，适时地调整一下岗位，不但可以激发和保持干部的积极性，还可以使很多原先潜藏的问题暴露出来，使干部们在自己的岗位上更加小心谨慎、不敢懈怠。其实，这一制度也适用于基层员工——对在某个岗位上工作了一段时间的员工进行部门内甚至跨部门的岗位调整，为新生代员工提供新的工作环境，从而既锻炼了其自身的适应能力，又使其工作热情得以长久保持，同时也为公司培养了多面手型的员工，故可谓一举多得。

多肯定，少指责

美国有一个专门为度假胜地提供体育教练的经纪公司，主要涉及滑雪和游泳两个项目。冬季的时候，滑雪教练比较忙，到了夏季，由于来学游泳的孩子特别多，游泳教练变得非常紧缺，所以会有很多滑雪教练临时被抽调去做游泳教练。

一段时间过去后，该公司的经营者发现了一个奇怪的现象：那些由临时抽调来的滑雪教练教出来的孩子，其游泳成绩要普遍优于专业游泳教练教出来的孩子。经营者觉得这太不可思议了，便专门到现场视察了一番，这才明白了其中的奥妙——由于专业的游泳教练自身专业技术十分出色，所以在他们看来，孩子们的表现永远都达不到自己心目中的标准，于是就经常严厉地训斥他们动作不得要领，致使孩子们情绪低落甚至产生了抵触心理；而滑雪教练本来就不太精通游泳，所以他们的教育方式就是时刻给予孩子们鼓励："太棒了！继续！"故而孩子们学习游泳的积极性越来越高，成绩也越来越好。

其实，"90后"的新员工也与这些学游泳的孩子差不多，需要管理者更多地发现、表扬、鼓励他们在工作中表现出的优点与取得的成绩，以此来激发他们的工作热情。

◎ 固定型思维与成长型思维

当然，表扬也要注意方式方法，不然就可能适得其反。斯坦福大学的行为心理学教授卡罗尔·德韦克曾经率领研究团队，前后耗时十年，对纽约20所学校的400余名低年龄段学生展开实验调查，研究不同的表扬模式会对孩子产生什么样的影响。最终，其团队得出的“成长型思维”的相关结论震惊了学界。

该实验是把30个年龄相仿、家庭背景相似的孩子分成两组，让他们在指定的时间内完成一个拼图游戏。完成以后，研究者用不同的表达方式对他们进行了赞扬——对A组的孩子说：“真棒！真聪明！”对B组的孩子说：“真棒！真努力！真有挑战精神！”

之后，研究者让这些孩子去完成另一个拼图游戏。这个时候，研究者发现那些被表扬为“真聪明”的孩子往往会选择那类比较简单的拼图，而被夸奖为“努力”“有挑战精神”的孩子则往往会选择更有难度的来拼。原因就是那些刚刚被夸作“聪明”的孩子为了继续证明他的“聪明”，便选择了低难度的拼图，以便使自己能够顺利完成；而那些被称赞为“努力”“有挑战精神”的孩子则会选择更有难度的拼图来证明自己。

接下来是第三轮。研究者为两组孩子都布置了很难的任务，结果孩子们无一完成。只是，他们对失败的反应有所不同：之前被夸为“聪明”的孩子开始质疑自己的“聪明”，表现得异常灰心、沮丧；而之前被夸为“努力”“有挑战精神”的孩子则认为自己努力得还不够，故而为下一轮的游戏摩拳擦掌，下决心要更加努力。

根据这一实验结果，德韦克在研究报告中写道：“当我们夸孩子聪明时，等于是在告诉他们，为了保持聪明，就不要冒可能犯错的险。”他的结论是，被夸“聪明”的孩子容易陷入“固定型思维”中，而被夸“努力”“有挑战精神”的孩子则多会养成“成长型思维”，这两种思维都对孩子的成长影响巨大。所以，经常赞美孩子的天赋而非他的勤奋、努力或勇气，会慢慢地扼杀他的成长型思维。

◎ 肯定的评价更利于同理心的形成

由上可知，表扬员工并不是件简单的事，不是说句“非常棒，干得漂亮”就行了的，而是需要管理者根据自己的管理目标，有针对地进行表扬，以此来激励员工向着我们的管理目标继续努力。

在杭州，有一种可用市民卡租借的公共自行车，只要租借的时间不超过三个小时就不用付费。我在闲暇的时候，往往会租上一辆，绕着西湖骑一圈，既赏了美景，又锻炼了身体。有一次，我骑完以后来到了一个还车点，这个还车点恰好在一栋写字楼附近。当时正值上班高峰期，还车的多借车的少，锁止器的数量有限，所以管理员便用自己的工作卡将先前还的车子取出来，又把新还的车子放进去，要还车的人则在一旁等待。我因为平时不常来这个地方，不太熟悉情况，所以就没有注意到被广告牌和行道树遮挡的队列，下意识地向队伍的排头走去。

这时，那个管理员厉声喝止了我：“你！后面排队去！”

我这才反应过来——原来在这里还车是要排队的啊，便自觉地走到队伍最后。但我一边排队等待一边暗自委屈，觉得自己头发已有点发白，也自认为素质不算低，可平白无故地就被人呵斥了一通，心里着实难受。所以，在轮到我还车的时候，我就对那个管理员说："师傅，您以后再碰到今天我这种情况，应该说'排队在后面'。这样就委婉客气多了。"

不承想，她旁边的一个女同事站出来帮腔了："对于有素质的人，我们也不会不客气。"我一看这个形势，觉得自己多说无益了，不然就该吵起来了，所以干脆转身离开。

在回家的路上，我一边走一边反思：我们作为管理者，平时的工作任务主要就是"管人"，但偶尔被其他人"管"一次，便觉得这里也不舒服那里也不舒服了。既然这样，那么我们平时在管理别人的时候，有没有考虑过人家舒不舒服呢？我为什么说"排队在后面"这句话更客气？因为这句话含有一种尊重的态度。每个人都希望被他人尊重，而一个人只有在被尊重的情况下，才愿意做出配合的举动。可"后面排队去"这句话则透露出一种轻慢不屑的态度，极易引燃对方心中的怒火，使其做出逆反的举动，我们在日常的工作与生活中，也经常可以看到由此类言语引发的冲突。

◎ 要"事出有因"地解决问题，不要"就事论事"地解决问题

我曾遇到过这么一件事。多年前，我去一家银行办理一项委托代收业务。那是一个夏日的午后，天气非常炎热，银行里也没有什么人。那时，银行里还没有叫号系统，顾客来了之后，只要在办理窗

口一米线后排队就可以了。当时，我排在第二位上，前面已经有位男士在办理业务了。他好像是要开一张信用卡，要填一堆表格，填错了还要重填。我在后面等了很久，百无聊赖之际，看见银行的门开了，进来了一位女士。她穿着一身宝蓝色的套装，戴着墨镜，下巴抬着，一副高冷的样子。

她进来后不多久，门又开了，又进来了一位女士。这位新来的女士没有排队，而是拿着一张储蓄卡直奔办理柜台，趴在柜台上盯着那位正在办理业务的男士看。那位男士抬头看了她一眼，便将身子侧向了另一边。“原来他们二人并不认识，”我在心里想，“那她是想干什么呢？该不会是想插队吧？”我本想上前劝说，但又觉得既然人家还没做出实质行动，我也就不便出面干涉。

但我后面的那位女士按捺不住了，主动采取了“维权行动”。她往前跨了一步，拍了拍柜台前那位女士的肩膀，说：“你，排队。”那位女士回过头来看了她一眼，就没再搭理，掉过头去继续趴在那儿不动。我身后的女士一看这样，火气上来了，不仅语气硬了起来，下手拍得也更重了：“说你呢！过去排队！”趴在柜台那儿的女士直起腰板，猛一转身，一脸怒意地逼视着她，一场战争眼看就要爆发了。

这时候，大堂经理跑了过来，开始做劝导工作：“这位女士，不好意思，请您到后面排队。”那位女士轻慢地瞥了她一眼，说：“我知道我在她后面，但我就喜欢待在这里，怎样？”大堂经理听了，又说：“既然是排队，那么就请您站到一米线以后。您这样趴在柜台上，会影响这位先生办理业务的。请您配合一下吧。”那女士一听，就开始给自己找理由了：“我累了嘛，难道趴在这里休息一会儿都不行吗？”

这时，大家的脸上都露出了一丝鄙夷的神色。见此，大堂经理只好又说：“您如果真的累了，那边有沙发，您坐在沙发上等不也一样吗？反正现在人又不多，等轮到您的时候您再上来，好不好？”这句话一出口，无疑是拆了那位女士的台，引得她当场发起了飙。最后，由于动静闹得实在太大，连外面路过的行人都跑进来看热闹。

我也不知道这件事最终是如何收场的。我都已经办完业务了，这两个人却还在闹。当然，这个“闹”是单方面的，那位大堂经理自始至终都保持着职业所要求的起码的礼貌，反复地说着“请您配合”“请您遵守”。她做得有没有错呢？当然没有错。但是有没有效果呢？确实也没有什么效果。类似这样的事情，换个场景、换种关系，在我们的工作、生活中其实是很常见的，那么这样的事情在发生以后，我们该如何有效地处理呢？我在这里告诉大家两种解决方法——一是“就事论事”的解决方法，一是“事出有因”的解决方法。

那位大堂经理采用的就是“就事论事”的解决方法，因为就实际情况而言，的确是那位女士不遵守公共行为准则、不配合银行的管理制度，所以相应地，那位大堂经理就要对其进行规劝。只是，这种解决方法虽然中规中矩，但成效并不好。

我们再来看第二种“事出有因”的解决方法。请问，这位女士来银行的目的就是吵架吗？显然不是。所以，这是一个突发事件。既然是一个突发事件，那么其背后一定有某种原因，而我们若找到了这个原因，就可能会随之找到解决问题的突破口。说白了，原因也很简单，就是为了面子。其实，那位女士也知道自己做错了，但由于她觉得服软会使自己丢面子，故而采取了这种极端的方式来保全自己的面子。

找到了原因，问题解决起来也就容易了。既然她是怕丢了面子，那就给她面子呗！大堂经理当时完全可以这么说：“这位女士，实在不好意思，这都是我们的疏漏。如果我们在这里设一个显眼的告示牌，提醒大家必须在一米线后排队，您今天就不会受这样的委屈了。我们银行在管理上确实还有很多做得不到位的地方，希望您能多给我们提宝贵意见。”像这样，把过错揽到自己身上，只会让旁人觉得你大度、有涵养，而那位女士见有人善意地替她解了围、给了她台阶下，自然也就不会闹了。

所以，我要送大家一句话：先解决情绪问题再处理相关事情。一个人心情不好的时候，你找他谈事情，效果往往不佳，所以你不妨等他心情好转之后，再把自己的想法委婉地说出来，以便他能欣然接受。

◎ 多采用“建议”而非“指令”的方式布置工作

在给新生代员工布置工作的时候，管理者也要多采用“建议”的方式而避免用“指令”的方式。

刘备就深谙此道，他临终前曾把诸葛亮叫到自己床边，问道：“丞相观马谡之才何如？”诸葛亮答道：“此人亦当世之英才也！”刘备道：“不然。朕观此人，言过其实，不可大用。丞相宜深察之。”

想来，刘备定非于临终之时才发现马谡的缺陷，而应是早就注意到了，只是他一直缄口不谈，为的是树立起“用人不疑，疑人不用”的原则。但到了生命的最后一刻，他知道如果再不把这个问题摆出来，则日后恐会于蜀汉社稷不利。但是大家注意到没有？刘备并没有直言，而是采用了先询问再建议的方式来试探诸葛亮。

所以，好的领导都是这样的，他不直接表态，而是希望自己的想法能从下属的口中说出来。大家可以体味一下这种“领导艺术”——不是按照我的意思去办，而是按照你的意思去办！三国时期的刘备都能够用这样的方式对才智过人的诸葛亮进行“管理”，我们现代的管理者怎么就不会了呢？

◎ 批评也是激励的手段之一

当然了，有表扬就会有批评，而批评也是激励的手段之一，即所谓“负面激励”。倘若员工真的犯了大的过失，那么管理者自然是不能姑息的——该出手时就出手，该明确界限就明确界限。但是，在对新生代员工进行批评时，管理者要注意几个要点：

第一，判断他们是无心之过还是明知故犯。如果是无心之过，那么管理者给予其适当的宽容未必不是一个好办法；但如果是明知故犯，那么适度的批评则是必要的，这也是管理宗旨中“强化界限”一条的题中应有之义。

第二，要注意批评的针对性。管理者要尽量就事论事地对员工的本次失误做出批评，不要陈芝麻烂谷子地翻他的旧账，因为这会让员工觉得你是在针对他这个人，从而心生反感，致使批评的实效与批评的初衷背道而驰。

第三，要注意批评的场合与时机。中国有一句老话："扬善于公堂，归过于私室。"即表扬一个人，要当众表扬，而批评一个人，则尽量私下批评，为的是保全他的颜面。由于新生代员工通常比较敏感，所以管理者在与其相处时要格外留意，不要当着其他同事的面批评他。同样，在员工情绪激动时，管理者也尽量不要批评他，而是要以安抚为主，等他情绪平静下来以后，再对之进行教导，以免火上浇油。

第四，要注意运用"三明治"式的批评方法。"三明治"式的批评方法即"褒—责—劝"的批评方法，具体而言，当管理者发现员工犯了错误，不妨先表扬一下他最近在工作中的整体表现，然后再指出："这个错误不像是你这样的人会犯的，是不是有什么特殊的缘故？"有时候，这些错误中还真有一些管理者之前没有了解到的信息，所以管理者要尽量把信息了解全面了再做判断。而在批评结束之后，管理者要再给予员工适当的鼓励："希望你日后干得更出色，不要辜负了大家对你的期望。"

第五，针对员工的不同个性，采用不同的批评方式。对性格开朗的员工，管理者大可以开门见山、单刀直入地进行训导，因为他们的性格比较豁达，能够承受这种直率的批评方式。但对性格内向、易钻牛角尖的员工，管理者则要采取迂回、委婉的批评方式，争取能够让他们慢慢意识到自己的问题所在。

宋江为什么能坐梁山一百单八将的头把交椅？这与他善用批评

方式有很大关系。《水浒传》第七十一回中写道："……宋江大醉，叫取纸笔来，一时乘着酒兴作《满江红》一词。写毕，令乐和单唱这首词……正唱到'望天王降诏，早招安'，只见武松叫道：'今日也要招安，明日也要招安去，冷了弟兄们的心！'黑旋风便睁圆怪眼，大叫道：'招安，招安，招甚鸟安！'只一脚，把桌子踢起，攧做粉碎。宋江大喝道：'这黑厮怎敢如此无礼！左右与我推去，斩讫报来！'……便叫武松：'兄弟，你也是个晓事的人，我主张招安，要改邪归正，为国家臣子，如何便冷了众人的心？'"

大家看，有意思吧？武松首先发难，李逵虽然行为更显鲁莽，但从性质上来讲，终究只是个附和者。但宋江对待二人的不同态度很值得琢磨：对粗人李逵，宋江直接采用了"当头棒喝"式的批评；但对大英雄武松，宋江就委婉得多了，先说"兄弟，你也是个晓事的人"来动之以情，再说"我主张招安，要改邪归正，为国家臣子"来晓之以理，充分顾及了英雄的颜面，可谓"和风细雨，润物无声"啊！

帮助新生代员工融入组织

◎ 传统融入方式存在的问题

在妥善处理好新生代员工的热情问题以后，管理者下一步要思考的问题就是如何帮助他们尽快地融入组织。传统的融入方式主要是领导赋予新员工一定的职责，然后在他们执行任务的过程中帮助其发现问题、解决问题，不断提高新员工与岗位、组织的匹配度，最终使其融入组织。但这样的融入方式有以下几个缺点：

其一，起点较低。这与“心高气傲”的新生代员工的内心期待不符。

其二，节奏较慢。这种循序渐进式的融入，其周期势必会比较长。

其三，系统性不强。尤其是在大组织内，新员工起初往往只负责较为零散的工作，很少接触到系统化的工作。

其四，成本较高。正所谓“吃一堑，长一智”，成长的过程中免不了试错，而这些错误不论大小，于组织而言都是“成本”。

由此可知，针对新生代员工，管理者需要开发出一种新的融入模式，来获得更好的效果。

◎ 正式组织与非正式组织

让我们先来了解一下什么是“组织”。根据组织行为学专家、美国麻省理工学院教授埃德加·沙因的定义，我们可知，“组织”是一种基本假设的模型，是由特定群体文化在处理外部适应与内部聚合问题的过程中发明、发现或发展出来的。为了实现共同的、明确的目标，“组织”通过对劳动、职能，以及权力和职责层级的划分，使若干人的活动得以协调。

基于这个定义，我们不妨根据实际情况再做一下细化，将组织划分为“正式组织”与“非正式组织”两种。其中，因明确的工作目标而建立起来的组织即“正式组织”，而那种不基于明确工作目标建成的组织就是“非正式组织”。从这个意义上来看，我们虽希望每个员工的思维、行为都能紧密地围绕着正式组织展开，但人是有感情、有情绪的，人不是机器，所以我们不可能要求员工在上班时将组织所需要的智慧、经验、技术等统统带进单位，而把组织不需要的情绪、兴趣、习惯等一概留在家里。正是由于人性的不可分割性，故而正式组织中就不可避免地伴生着非正式组织。其实，非正式组织也并非一无是处，因为它可以满足人的情感需求，帮助组织内的人宣泄情绪、缓解压力、释放感情，避免组织中形成“高压锅效应”。

大部分管理者对非正式组织缺乏必要的了解，遑论建设，而新生代员工又往往因社会角色意识淡薄而对非正式组织十分依赖，惯于以其在非正式组织中的行事作风来待人接物。新生代员工在学生阶段，班级这种正式组织对他们的影响力往往不及各类校园社团等非正式组织，这使他们在来到工作单位这一正式组织后，觉得仍然可以用以往在非正式组织中惯用的兴趣为重、崇尚平等、拒绝等级等心理行为模式来处理这里的各种关系，故而更倾向于先建立某种非正式组织，再在这种宽松的情境中开展工作。

除此之外，还有一个很重要的原因，即新生代员工在正式组织中往往还只能处于边缘地带，难以进入组织的核心，难以获得心理上的满足，对各种规矩、制度也非常不适应，所以他们要么躲进以往的社交组织中去“刷存在感”——这正是很多年轻人总是捧着手机的原因，要么干脆自己组群，在组织内部建立属于自己的非正式组织，并在这样的非正式组织中展现自己的能力。

鉴于此，现代管理者不妨借助一些边际性的非正式组织，来引导新生代员工尽快融入正式组织。

◎ 设立“项目责任人”

我们可以在现有的正式组织中设立一些有助于提升组织效能的非正式组织，如“办公环境建设小组”“员工友谊增进小组”等。这类临时性的组织可以借助项目的形式，在正式组织外部无限制搭建，以便给予新生代员工施展才能的机会，让他们走到舞台的中央，在处理某项具体事务的过程中提升个人的社会角色认知水平与系统化的工作能力。

比如，很多单位办公室中的绿植都是向相关公司租借的，这种做法的优点是方便省事——那些公司可以定时派人上门打理，还能定期更换；而缺点则是绿植的品种往往比较单一，而且费用总额也不低。

我们单位就有这么一个女员工，她是个“多肉狂”，不仅在自己的办公桌上足足摆了十几盆形态各异的多肉植物，还广泛发展“队友”，常常将自己的多肉盆栽慷慨地赠予他人。可问题是并非人人都喜欢，所以不少员工就对她的这一爱好颇有微词。

针对这一情况，我们管理层经过一番商量，在征求她个人意见之后，委任她为公司绿植项目的负责人，也就是公司决定不再租赁绿植了，而是从原先租赁绿植的年度费用中拿出一部分作为该项目的启动资金，由她来挑选这个项目的核心管理人员，明确每个办公片区、每个工位的绿植摆放标准，指定每盆绿植的养护负责人，制定具体的管理章程等。公司层面对她这个项目的考核指标主要有三个：第一，绿植的数量与呈现出的效果不能不及以往；第二，总费用要较往年节省一半；第三，在兼顾个性化的同时，保持公司整体环境风格的统一。

考虑到上述要求，她在做整体规划的时候，就有意识地将其“多肉阵营”进行了精减，使之与办公区的整体环境相协调。我们对她栽培植物的这种专长进行了引导，使之延伸至公司项目化的管理模式上，从而既培养了她系统化的工作能力，也为公司节省了一定费用。两年下来，公司里的员工个个都成了栽培小能手，有时候去其他单位公干，他们也经常会说：“某总，您这盆招财树树形挺好的，就是叶子有点打卷，是不是浇水太多了呀？冬天不是它的生长期，一周浇透一次就行了，浇太多水反而容易烂根啊。”这就在无形中拉近了与客户的关系。

有了这样的模式和经验，我们再来“对付”之前那个给领导发邮件大谈公司发展战略的热血青年，就有合适的策略了。

当时，他在下基层调研之后，又罗列了一些他觉得可以改进增效的要点，其中的一个要点引起了我的注意，这也是我之前便隐隐觉得存在问题的地方，即导购员的培训机制。

我们公司是销售婴幼儿奶粉的，仅在浙江省的分公司范围内，就有一千名左右的导购员在各大商超门店负责营销工作。为了提升这些导购员的服务礼仪与营销能力，公司每个月会对她们进行一次为期半天的培训，由公司客服部派专业老师来为她们授课。这样的课我也曾去现场听过几次，发现还是有点隔靴搔痒：首先，那些讲师的水平参差不齐，有的讲得还可以，但有的则讲得让人昏昏欲睡；其次，听众的学习态度也各不相同，有的的确比较认真，还会做笔记，但大部分人则将之视为“走过场”，听课时还不时地交头接耳。

于是，我对那个小伙子说：“我来支持你做件大事，就看你有没有这个魄力了。你回去再细致地思考一下，把能够想到的问题全部列出来。然后，我们再以项目的形式改善这一现状。”同时，我给他定下了两个目标：第一，必须能让人看到效果；第二，费用总额必须较之前的有明显降低，不然不具有说服力。

几天后，这个小伙子拿出了他的解决方案：取消现在每月一次的导购员培训，将之改为对专业营销话术与接待礼仪的考核。他的理论依据是：大组织管理应该以“底线管理”为准则，也就是不追求单个员工的尽善尽美，只追求员工队伍整体素质的达标，然后通过不断抬高底线来提升管理绩效。

这与我们一直以来秉承的管理思想有很大差异。要知道，中国传统的管理思想其实是比较看重个人能力的，就练兵而言，我们追求的是“一夫当关，万夫莫开”的“万夫不当之勇”。古典名著《三国演义》中也有大量的刻画这类英雄人物的桥段，如赵云单骑救主、关羽千里走单骑、张飞长坂坡喝断当阳桥吓杀夏侯杰等等。但我们在真实历史中更多看到的则是战场上的胜败无常，数十万大军被打得丢盔弃甲乃至全军覆没的事例比比皆是，如明代的土木之变——明英宗率五十万明军御驾亲征，结果却被瓦剌以弱势兵力一战击溃，英宗本人也被俘虏。

然而，晚清中兴名臣曾国藩一介书生编练湘军，最终却成功镇压了如火如荼的太平军。他有什么诀窍吗？我想，所谓“诀窍”，恐怕就在于其“底线管理”思维。在曾国藩的著作中，我们可以发现其练兵的核心指导思想是“治军当以十当一”，也就是他不强求单个士兵武艺高强，而是要求整支队伍训练有素。此外，曾国藩的作战策略是“结硬寨，打呆仗”，重视打消耗战，不追求诸葛亮“空城计”式的神机奇谋，而打赢消耗战的关键，就在于军队整体素质的优良——这就是“底线管理”思维。

较之曾国藩务实的“底线管理”思维，我们以往采用的导购员学习管理模式则似乎有点“务虚”的味道。那么我们是不是可以参考曾国藩的“底线管理”思维来解决这一问题呢？

于是，在我的支持下，这个小伙子被任命为该项目的负责人。在执行过程中，我们先要求所有导购员把在一线工作中遇到的难题提交上来，从中选出最具典型性与普遍性的几个，然后针对这几个问题，公司层面组织市场部、营销部、客服部、研发部的相关人员进行集中讨论，拟定标准话术，将之整理出来并下发到每个导购员的手上，要求她们在一个月内背得滚瓜烂熟，而集团总部会在一个月后派人去各家分公司进行考核，对不达标者采取补考或取消上岗资格等惩戒措施。

这个项目极大地提升了导购员们的一线“作战”能力，因为在消费者问及相关问题的时候，我们的导购员个个对答如流，不仅充分展现了个人的专业素养，也提升了消费者对公司产品的信任度。当年年底，这一项目被集团公司评选为“年度最佳管理提升项目”，而这个小伙子也获得了肯定，最终被抽调去了集团总部。

以设立“项目责任人”的方式来帮助新生代员工快速融入组织的另一个优点，是保障了组织核心业务的安全性和稳定性，不会因新员工的不成熟而为组织带来过大损失。很多组织中的项目小组虽由领导牵头，但领导挂名的多、干预的少，这使新生代员工能够充分发挥自身的优势，将各类项目的推进工作落到实处。

◎ 注意组织的界限

这里需要特别说明的是，由于不同组织的规模不一样，所以不同组织对员工能力的要求也就不一样。在一个小型组织中，每一个员工都应是全能的多面手，一有情况便能顶上去；而在一个大型组织中，部门间的协同作战往往更加重要。在一个大组织里，你的工作能力强不强并不体现在你一个人能干多少活儿，而是体现在你能够调动起多少资源来支持你完成一项工作。很多时候，由于角色意识的缺失，新生代员工会更容易陷入“单打独斗”的工作模式中，个人工作效率低不说，还会造成“功能重叠”的弊病，进而影响整个组织的工作效率，以至于遭到其他部门的指摘。

我们公司的行政部新入职了一个年轻人，这个小伙子干劲儿很足，能力也不弱，所以他的部门经理就把一个重要的经销商会议的会务工作交给了他。这个小伙子非常卖力，中午吃饭时都伏在电脑前，对会议的流程与细节都做了细致的梳理，甚至还把舞台的布景、灯光，以及宣传物料的设计、制作都考虑到了。他本想借这次机会在公司中树立起自己的“干将”形象，却不想被他的领导叫进办公室臭骂了一顿：“我让你设计的是会务的流程，谁让你去管舞台布置和宣传物料制作了？刚刚市场部的经理打电话给我，阴阳怪气地说：‘行政部现在手挺长的啊，是不是我们以后要把工作都交给你们部啊？’……”

原来，我们公司以前所有涉及舞台布置与宣传物料制作的事宜，都是由市场部来负责的，因为市场部有与其对接的具体合作商。这个小伙子一来就大包大揽，看似积极主动，实际上却“染指”了其他部门的相关职权，故而势必会引起他们的反感。

◎ “三三制”战术与“战前诸葛亮”会议的启示

其实，任何一个组织都有其特定的组织结构，这一组织结构往往是被长期实践证明为最合理、最高效的一种而固定下来的。所以，除非组织有大幅度的调整，不然的话，这种组织结构一般是不会轻易发生改变的。但是，我们其实也可以根据实际工作，有针对性地搭建一些临时性的组织并创建新型组织结构，来实现工作目标。

“三三制”战术起源于抗日战争，成熟于解放战争，大量运用于抗美援朝战争，是我军步兵训练大纲中的一种步兵“班组突击”战术。

抗日战争初期，由于八路军缺少重火力掩护，经常以密集队形冲击日军的坚固阵地，故而伤亡惨重。林彪针对这个情况，提出在中高级指挥官战略上注重集中优势兵力的原则（即著名的“一点两面”原则）下，低级指挥官要适当分散兵力，避免遭到敌方密集火力的杀伤，强调密切协同，层层推进，交替掩护进攻。

其原则是将一个班分成三个战斗小组，每个战斗小组共三人，三人战斗小组呈三角进攻队形，每名士兵进攻、掩护、支援分工明确。班长、副班长、组长各带一个战斗小组行动，三个战斗小组组成一个战斗班，三个战斗班组成一个战斗群，进攻时呈“散兵线”队形展开。战斗班展开后，士兵根据组长、副班长或班长的指令随时变换战斗队形；战斗群展开后，部队上下则通过“口语”“手语”“军号”或“无线电”来传达战术指令。一个27人的战斗群完全展开后，可以覆盖800米宽的战线。一旦出现战斗减员或指挥员伤亡的情况，其余人员可随时形成新的战斗小组，始终确保战斗队形整齐有序，从而在很大程度上提高了我军的战斗力。

我军基层指挥员的文化程度普遍较低，管理能力也较弱，在带队、指挥上困难较大。既然你带十个人不行，那么带两个人总没问题吧？所以“三三制”战术还有一个好处，就是明确了责任、培养了有做干部潜质的人。

除此之外，抗美援朝战争中，中国人民志愿军的“战前诸葛亮”会议也值得一提。所谓“战前诸葛亮”会议，就是在战斗打响前，上级司令员会召集下属布置战斗任务，就本次战斗的目标、战术与其进行讨论，并要求下属在回到自己的部队后以同样的方式向士兵们进行宣贯并做深入讨论，请大家提出合理的建议。这样做的好处是：第一，使每个士兵对战斗的各个细节都非常熟稔，从而消除了信息流通不畅的短板，提高了执行力；第二，使每个士兵都能开动脑筋出谋划策，进而增强其参与意识并提升其战术策划能力；第三，以集体智慧取代个人能力，故而能在保障组织稳定输出的前提下培养基层干部与普通士兵的军事素养。

划清界限，界定准绳

◎ **把职场规则明确化**

在帮助新生代员工快速有效地融入组织时，管理者还要重视为他们在组织内划清界限、界定准绳。

我们公司曾经招聘了一个年轻的市场部企划主管，他是个“90后”，刚到公司不满一个月就做了件令我非常不爽的事——未经我同意，擅自采购了20万元的促销用品。虽然采购何种物品是明确的，方案也是讨论过的，但具体在哪家采购、花多少钱采购，总要经过我的批准吧？他在会议上自作主张地说已经与人家都谈妥了，满以为别人再无二话，不想却被我一票否决。这个小伙子立刻紧张起来，甚至眼圈都发红了。

见此，我十分诧异：一个小伙子，不过在工作上受了点儿挫折，何至于此？于是，在会议结束后，我把他单独叫到我的办公室，问他这是怎么回事——原来是他把话跟供应商说得太满了。其实，我们并非直接采购成品，而是先把各种颜色的毛线采购进来，再生产出帽子、围巾、手套三件套，并把公司的标志织在上面。由于这个小伙子跟这供应商以前合作得比较愉快，彼此都比较信任，所以为了赶生产进度，他便擅自把各种颜色的毛线都采购进来，现在已经开机生产了。如果在这个节骨眼上，我把这个提案否决了，那么供应商的麻烦就大了——不仅赚不着钱，连成本都要砸进去。一想到这个情况，这个小伙子自然急得眼圈发红。

当然，我也不是故意刁难他，毕竟他是我招进来的，我总该在工作中多给他些支持才对。我之所以这么做，不过是想给他一个教训——不是什么事都是你可以擅作主张的。于是，我向他卖了个关子，告诉他："既然这样，那么公司就给你个面子。我们先采购10万元的原材料看看质量怎么样，如果不错，我们再考虑采购剩余的部分。"这样的话，相当于分了两步，最后还是把他这20万元的原材料都采购了，毕竟我的目的仅仅是给他提个醒：以后再遇到这样的事，一定要先征求一下领导的意见。

组织内有很多类似的"约定俗成"，虽未必都被写进公司规章或员工守则中，但也属于"职场规则"的范畴。"70后"们大多知道网传的职场中"十大不懂事"：领导搛菜你转桌，领导没醉你先多，领导听牌你自摸，领导隐私你乱说……这些调侃戏谑之所以会在网上流行，是因为它们的确反映了某些普遍存在的职场现象，但由于思想观念上的代际差别，很多新生代员工对此未必知晓。所以，这就要求管理者把一些职场中必要的"潜规则"变为"显规则"，变成为新生代员工认可的规则，并就此划出明确的界限。

◎ 明确规则要把握时机

再讲一个上文中提到的出版社中的年轻员工的例子。其中，有个小姑娘一直跟着我上课，对外宣称是我的助理。平时上课，一般都是我自己开车往返，她有时会搭我的车，而且每次搭乘时，她都会坐在后排座位上。最初，我对此感到有点儿不适，因为按照我们普遍认同的社交礼仪，后座是留给尊者或长者的位置，而如果是尊者或长者开车的话，小辈则应该坐在副驾驶座上，但考虑到这毕竟是无心之失，所以我便没有去刻意地纠正她，况且有时候正赶上下班的点儿，我路过妻子单位时还能顺便捎上她，那么这个小姑娘坐在后座反而更方便一些。

但是有一次，我去外省上课。上完课后，客户单位派车送我去机场，我和那个小姑娘一起走出大门来到车边，对方送行的工作人员非常热情地帮我把后车门打开了。没想到，那个小姑娘竟习以为常地一猫腰钻了进去，而我在与对方工作人员逐一握手道别后只能坐在了副驾驶座上。我隔着车窗，清楚地看到了对方送行人员脸上的惊愕神色，自己也比较尴尬。

在去机场的路上，我意识到是时候跟这个小姑娘好好讲讲乘车礼仪了，免得日后再出现类似的情况。但考虑到司机就在旁边，于是我便通过微信，把坐车应该是怎么个坐法，跟这个小姑娘简明扼要地说了一遍。在这中间，我特别强调了在只有我们俩的时候，她可以不拘礼节，因为都是自己人，怎么坐都没关系，但外出去见客户时，她作为助理，就必须得帮着维护好我这个老师的形象。这样跟她讲清楚了，这个小姑娘日后再随我外出上课时，就比较注意这一点了。

所以，管理者在新生代员工面前虽要淡化权威、柔化冲突，但在原则性问题上，还是需要态度明确地帮他们界定准绳的。

◎ 明确规则要有理有据

再比如大家普遍关心的员工上班迟到的问题。有时候，他们小年轻的是真的起不来床，但是公司又有严格的考勤制度，考虑到二者之间的冲突，我便把大家召集起来，讨论迟到了该怎么处理。不料大家都避重就轻，说上班时交通拥堵，迟到是难免的。我听了，说："那好吧，以后公司为员工放宽限度，只要你们每月迟到不超过三次，或累计迟到时长不超过30分钟，公司就不予惩罚。但对迟到三次以上，或累计迟到时长超过30分钟的员工，公司还是得予以一定处罚的。另外，如果当天上午有会议，那么员工是不能迟到的，因为这会影响整个团队的工作效率。"这样处理，既充分尊重了他们的诉求，展现出了一定的管理弹性，同时又守住了基本的边界。

我曾经主持过一个部门的会议，事前下达通知，要求该部门全员按时参加。但那天，会议都已经进行了好几分钟了，该部门中的四个干部才推门而入。当时，全场与会者面面相觑——你看，主管都迟到了。于是，会场变得嘈杂起来。看到这一幕，我当即宣布："你们四个人都迟到了，每人罚200元，等中场休息时交到会议组织者那里去。"我不是在开玩笑，因为我们公司有规矩，开会迟到也是要罚的，标准就是每人200元。其实，他们四个人也清楚，我之所以当众重申这一规定，是为了平息众人的骚动，以儆效尤。

在听完我的"宣判"后，其中的三个人很快就释怀了——罚就罚呗，能有多严重？但一个小伙子好像有点儿想不开了，他委屈的神情被我看在眼里，我决定再进一步了解一下情况。于是，在中场休息时，我便把那三个人先喊到一边，向他们打听原委。原来前一天晚上，他们四个人在宾馆里打麻将，打到夜里十二点多。由于这三个人是从外地来的，所以他们就住在宾馆里，而另一个小伙子是杭州本地人，他便开车回了家。第二天早上，这三个人打电话给那个小伙子："兄弟，你不是开车吗？赶快来把我们哥儿仨带到会场去！少废话，的士叫不到。你还是不是我们的兄弟？是的话就马上过来。"于是，小伙子只好绕道去接他们三个，结果导致四个人都迟到了。所以，那个小伙子觉得自己非常冤，因为他原本是不会迟到的，可现在自己相当于被这三个人拖下水了。尤其令他气恼的是，这三个人竟一点儿表示都没有，坐在那里跟没事人一样。

好了，情况了解清楚了，那么这件事该怎么处理呢？把这个小伙子的罚款减半？不符合规定。让这三个人替他把罚款付了？又不合理。我细细思索了一番，把那个小伙子也喊了过来，对他们四个说："你看，你们四个今天都迟到了，换作平时，也便罢了，但今天恰好有会，你们四个又在众目睽睽之下迟到，那么这便不是你们个人的失误了，这是组织的失误。作为你们的领导，我之前对你们管束得不够，对此事也须负一定的责任，所以这次罚款也算我一份，我也拿200元出来。"

如果说这个小伙子之前觉得自己很冤，那么他现在还觉不觉得自己冤啊？毕竟，他也不是完全无辜的，所以当他看到我这个没有迟到的人都在为他们的失误担责时，他是不是会宽慰稍许？就这样，我先把他的情绪压了下去，让会议得以正常进行。

会议结束后，我邀了几个与会者坐下来打几圈牌，为的是增进一下感情。那个小伙子又来了，从口袋里摸出两包香烟放在我手边，说："领导，我昨天晚上手气不错，赢了他们点儿小钱。这两包烟，领导您拿着抽吧！"我一看，知道这个小伙子的心结解开了，我之前的策略也见效了，便对他说："你这句话水平就不高了，什么叫'领导您拿着抽'？来来来，大家一起玩，大家一起抽。"

所以，当组织里再出现这样的问题，大家是不是就会处理了？大家不妨先对这个问题做个明确的定性，看它究竟属于个人层面上的失误，还是组织层面上的失误。像上文中这四个人的过失，便可上升至组织层面并把我也牵扯进去。试问，作为他们的领导，如果我分辨不清这两种性质的过失，那么我这200元钱该怎么掏？依据呢？尺度呢？标准呢？

这就是"划清界限"与"界定准绳"的内涵。在组织内，这样的界限与准绳越清晰，组织的运作就越顺畅，扯皮也就越少。

◎ 界定准绳能增进组织的协同性

我曾经去宁波的一家制造型企业做一个内部培训，中午就在他们厂区的食堂用餐，有他们那儿的两位干部作陪，一位是行政部的王总，一位是食堂的主管——因为有两道菜是他亲自下厨炒的。在用餐期间，我听到这位食堂主管向行政部的王总抱怨道："王总，三分厂厂长那小子真不像话，把五百来号工人放走了也不跟我打声招呼！"可能是因为临近年关，生产任务少了，所以那个厂长便临时做主，让工人们提前放假了，但忘记了跟食堂打招呼。“现在，我相当于多买了供应这五百来号人伙食的食材，还都是以海鲜为主的……冰也冰不来，早晚都得坏。您说，这个损失我跟谁来算？”

当时，王总没有明确表态。我想，要他立即表态恐怕也很难，因为他们这儿是没有处理此类问题可参照的相关制度的。如果有相关制度，那么问题解决起来就容易多了——该由谁承担责任就由谁承担责任，这有什么好多说的？但如果没有相关的制度或规章，那出了问题，你该找谁问责呢？你不妨怪厂长试试看：“我说张厂长啊，你的工作主动性也实在是太差了。你把五百多号工人放走了，也不跟食堂打声招呼。现在好了，人家把菜买多了，你说这该怎么办？”那么张厂长可能就会当场还击：“我的工作主动性是不强，那他的工作主动性就强了吗？他是负责烧饭的，方向盘在他手上，如果他的主动性足够强，在采购之前先来问一问我们，不就没有问题了吗？自己工作不仔细，出了问题就知道推卸责任！我们搞生产的需要‘因需定产’，他们管烧饭的难道就不需要‘因需定产’了吗？”

所以，这件事情处理起来的确会比较棘手。如果严格地站在岗位职责的角度来看，我认为食堂主管在采购前就应该主动地去了解各个部门的用餐需求，这叫作“在其位，谋其政”。如果每个部门的员工都有这种积极的工作态度的话，那么组织内部还会发生这类扯皮的事吗？但是，如果说一个食堂主管按照五千人的份额烧饭是一种常态化的工作，那么一个厂长临时把其中的五百号工人放走便是一个偶发事件，所以，若让常态化的这一方每天都去向各个部门核定需求，就会使其工作量无谓增加；而如果让出现偶发事件的这一方主动地去向各个常态方做一个报备，那么沟通成本就会节省不少。鉴于此，我们是不是可以重新界定一下准绳呢？对于此事，行政部的王总可以这么回复："既然厂里以前没有制定相关的规章，那么这件事就不再追责了。但今天我们可以把话先说下，今后如果再有类似的事件发生，我们是一定会严肃问责的。至于追究谁的责任，我们不妨定下来，就追究出现偶发事件却没有及时报备的一方的责任，因为让出现偶发事件的一方主动报备更符合'以最低成本获取最大回报'的企业经营宗旨。"这就是界定准绳对组织协同性的增进作用。

◎ 界定准绳能降低管理的难度、缓解管理的压力

如果组织内部没有制定出明确的规章或准则，那么很多时候，管理者就需要凭个人的能力、经验来判断、界定和处理一些问题了。这样的坏处有很多：首先，缺乏统一的标准，难以服众；其次，管理者自身也承担了较大的管理压力与风险。

我曾经在某集团公司旗下的一家分公司中做管理工作，由于这家分公司恰好位于集团公司所在地，所以集团公司中的很多大领导都喜欢把自己的一些亲戚朋友往这儿塞。这样的公司好不好管？当然不好管——里头的人个个有背景，我的一举一动随时都可能被集团公司的领导们知悉。不过，我自有应对的办法。

如果有人犯了错误，我就先看看公司中有没有处理此类事件的相关章程，如果没有，那就说明公司在制度层面上存在着缺漏。那

么这些问题是不是就解决不了了呢？也可以解决——规章制度虽然没有，但起码的公正良善的价值观总有吧？所以，我通常会对那个犯错误的员工讲："在价值观层面上，这件事的确是你做错了，所以我对此必须予以严肃指正。但这一次，你不用接受任何处罚，因为公司里暂无相关的惩戒制度。"

但是，如果我觉得这件事情的性质足够严重，那么我便会在周一的管理例会上将之提出来，让大家集思广益地进行探讨，制定出相应的规章并将其纳入原有的制度体系，然后在职工中进行宣贯并令其签字担保——日后如有违犯，责任全揽。

集团公司副董事长的外甥也在这家公司里。有一年，我给了那个小伙子一个处分——降薪一级。这是个非常严厉的处分，不像罚款那么简单，因为罚款只罚一次就完了，而降薪一级则意味着他每个月都要少拿一笔钱，而且，他在这一年若没有杰出贡献、没有挤进那份名额只占总人数一半的加薪名单的话，那么这一处分在第二年还得延续下去。我之所以能做得这么有底气，就是因为那个小伙子之前签过字啊。当时，我把他叫进我的办公室，让他坐在我对面的沙发上，又叫人事部经理把他之前签过字的那份文件递到他手上，然后问他："你给我出难题了。你说吧，现在我该怎么办？"我并没有直说我要怎么处置他，而是问他我该怎么办。这个小伙子望着自己手上的那份文件，一句话也说不出来。五分钟后，他默默地站了起来，跟着人事部经理去办降薪手续了。整个过程就是这么简单。但如果当时我手上没有这份文件的话，我该怎么办呢？无论我怎么处理，我的处境都是尴尬的——处罚他相当于不给领导面子，不处罚他又相当于徇私舞弊。

后来，集团公司副董事长虽想把他家外甥调到别的分公司去，但他家外甥拒绝了。为什么呢？因为他家外甥本人对我个人并没有什么怨恨，不仅没有觉得我是在故意捉弄他、排挤他，反而还非常佩服我，认为我这个人办事公正、没有让别人说三道四的地方，所以愿意跟着我干。要知道，这个小伙子在这家集团公司中从来就没有被“公平”对待过，但今天终于撞到了门板上，抬眼一看，头顶上方有两个大字——“公正”。

这就是界限的价值，这就是准绳的价值！

培养系统化的工作能力

新生代员工大多心气很高，往往觉得自己什么都懂、什么都会，领导没什么了不起。但正所谓“只有做过家长，才能体会到家长的无奈”，同理，也只有做过领导，才能体会到领导的不易。所以对于新生代员工，管理者不妨先让他们在一些临时性、边缘性的正式组织中扮演领导的角色，去体味其间的酸甜苦辣，进而使他们学会站在领导的角度思考问题，提升系统化的工作能力。

◎ 先培养系统化的思维能力

要培养员工系统化的工作能力，首先就要培养他们系统化的思维能力，因为思路决定出路，一个员工有什么样的思维模式，就会有什么样的办事风格。接下来，我向大家讲解一下职场思维的六个主要层次。

第一个层次是“点状思维”，对应的是新入职的“菜鸟”式员工。什么是“点状思维”呢？就是这个员工在考虑问题的时候是东一榔头西一棒槌的。为什么说有这种思维模式的员工是“菜鸟”呢？你不妨指派个工作让他做做看，你会发现他总是丢三落四的，对自己擅长或感兴趣的那一个要点，他会一门心思地深挖下去，做得尽善尽美，甚至超出你的预期，但其他的要点则往往被他忽略了。

第二个层次是“框架思维”，对应的是熟练员工。什么是“框架思维”呢？打个比方，就像把土豆装进麻袋里。这样的员工心里清楚领导布置的工作中含有哪些要点，会一一对应着做好。可见，这样的员工能够独立完成工作，而一个能独立完成工作的员工自然就是熟练工，因为他的思维由无数个框架组成，使他能根据领导布置的任务调用大脑中相关内容的框架，然后进行套用。

第三个层次是“逻辑思维”，对应的是基层干部。注意，这里已经实现了从“量”到“质”的转变，前面两个层次的思维方式尚属普通员工层面的，而这一层次的思维方式已属干部层面的了。什么是“逻辑思维”呢？就是说这个人不仅知道某一问题的解决方法是由哪些要素组成的，还清楚这些要素之间的逻辑关系——什么是因什么是果、哪个为主哪个为次、应该先解决什么再解决什么。我们发现，这样的人在开展工作时往往是有条不紊的，能对节奏与弹性把握得非常到位。所以，管理者一旦发现员工具备了这样的思维模式，在原则上，就可以考虑把他提拔起来做干部试试看了，因为他已经具备了独立解决问题的能力。至于为什么说“试试看”，是因为除了思维方式之外，他的主观意愿与责任心同样重要。

读者可能要问了：那么我们该如何去判断一个下属是否具备了逻辑思维呢？有没有什么量化的标准可供参考呢？这里，我可以给大家提供一个简单易行的判断方法——你只要注意看他每次呈送给你的各类文字材料中，各个板块之间是怎样一种结构关系，就可以大致判断出他是否具有逻辑思维了。如果你发现他每次送来的材料中，板块之间都是一种简单的并列关系，那么说明他对这个问题还至多只有框架性的认识；但如果你发现他每次送来的材料中，板块之间存在着一种非常清晰的递进关系——层层深挖、层层搭建、环环相扣、首尾呼应，那么就可以大致断定他已经具备逻辑思维了。

第四个层次是“创造思维”，对应的是中层干部。什么是“创造思维”呢？就是要打破旧的框架、旧的操作模式，跳到格套外面去想。有这种思维的人也很有特点，他们的思维往往非常活跃敏捷，谈吐亦直截爽快，经常能在公司内部的讨论性会议上提出令人耳目一新的创见。当然这也有前提，他们首先要具备足够清晰的逻辑思维，在逻辑思维的引导下进行思维再创造。如果一个人没有逻辑思维，却经常天马行空地想这想那，那么他便不能被称作有创造思维，而只能被视为有“高级点状思维”，因为他想到的那些东西往往是出奇却无序的。所以，只有在组织当下发展的核心逻辑的引导下产生的创意，才是对组织有助益、有价值的；而有这种创意的人，才算具有严格意义上的创造思维。

至于为什么说具有创造思维的人能做到中层，或者创造思维是中层干部必须具备的一种思维模式，其实就事关中层干部与基层干部的差别了。对于这一点，很多人的认识还是相当模糊的。说到底，基层干部还是一种执行层面的干部，领导安排他干什么他就干什么，干完以后就等待领导的下一个指令，如部队里的班长、排长、连长，就是以“执行命令”为主要工作的。而中层干部是一种发展层面的干部，也就是说就算领导今天没有安排什么工作，他们也会主动考虑应该去干些什么，而且在干的时候会反复考量能不能干得“多快好省”。试想，如果你一直待在某个格套里，故步自封、因循守旧、亦步亦趋，你又怎么能把事情做得“多快好省”？所以，在企业中，岗位职责的界定还是有一定的讲究的，名片还真不是可以随便印的。其中，最基层的管理干部有个统称，叫作“主管”。何谓“主管”呢？顾名思义，其主要任务就是“管牢”——领导给了你10元钱，你拿个罩子把它罩住，管好了就行。再往上一点儿的干部，有一个统称叫作“经理”。经理经理，经营管理，那么还是拿个罩子把这10元钱罩住这么简单的事吗？经理要考虑的，是如何将这10元钱变成50元、100元……所以我们能够看出，二者之间存在着本质的差别，一个强调执行，一个强调发展。

第五个层次是“全局思维”，对应的是高层干部。什么是“全局思维”呢？就是一个人在考虑问题A的时候，已经不满足于就问题A看问题A了，他还会同步考虑问题B对问题A会产生什么影响、问题C又会对问题A起到什么作用、问题B与问题C之间有没有什么特殊的关系……从而站在更高的位置，以更广的视角，对问题A做更加透彻、细致的审视与思考，并最终拿出行之有效的解决方案。也就是说，他看问题会更全面、更系统。

举个例子：东汉末年，孙刘联盟在赤壁击败了曹军，诸葛亮神机妙算，料到曹操一定会从华容道撤退，便派一员大将提前埋伏在那里。但被派去的那员大将关羽并没有把事情搞定，而是顾念私交，把曹操放跑了。看到这里，大家就觉得奇怪了：以诸葛亮一贯的睿智，他怎么可能犯这样低级的错误呢？所以，只有一个解释是合理的，即诸葛亮此举是有意为之的，他故意放走了曹操。但问题是，诸葛亮为何要放虎归山呢？原因就是诸葛亮身处组织高层，绝对不会像执行层面的干部那样，总是倾向于在一个小范围中对问题做点状思考，而是站在“天下”的高度进行通盘审视的——别忘了，当时还有个复杂的形势叫作“三足鼎立”，这是左右当时中国政治、经济格局的“核心逻辑”。如果你连这样的逻辑都理解不了，而是拘执一时的胜败，在铲除曹操势力的同时打破这一平衡关系，那么到头来真正从中获得最大利益的是哪一方呢？未必是刘氏政权吧？而一旦没有了曹操势力的牵制，孙权势力在一家独大之后，很可能马上就会把刘氏政权给剪除了。

所以，我们说“思路决定出路”，一个人所具有的思维模式，在某种程度上代表着这个人层次的高低、格局的大小，而一个员工的层次和格局，也在一定意义上决定着他所能肩负起的责任。

第六个层次是“前瞻思维”，对应的是顶层领导。什么是“前瞻思维”呢？就是这个领导要思考其组织在未来的十年、二十年里，方向在哪里、目标是什么、如何把握机会，以及将会遇到什么样的挫折、障碍和风险等，从而在当下就做好各种准备，去迎接未来的挑战。俗话说“人无远虑，必有近忧”，组织也是一样的。如果组织中的干部们都负起责任来，办起事来有逻辑、富创造、顾全局，即便是那些点状的技术性问题，也有人妥善地解决，那么大领导又何必总是费心去想那些细枝末节的问题呢？但我们发现，有太多的大领导喜欢插手那些琐屑之事了。比方说，报上登，一位大学校长，走街串巷地亲手发放录取通知书，身后跟着十多个拍照的记者。一位大学校长亲手发放录取通知书，这件事的确很引人瞩目，但又确实无关宏旨——每个岗位都有每个岗位的核心职责，而顶层领导的核心职责就是看好方向、掌好舵、用好干部，千万不要让组织走偏了，不要让这么多人的辛苦和努力白费了。这才是大领导最应该做的事。

除此之外，管理者还要让手下的人忙起来。人不能太闲，一个整天闲着没事干的人是容易出问题的，此所谓“无事生非”。有一次，我向总经理汇报工作，汇报完以后，总经理就要出差，我顺道送他去电梯口。在路过行政部办公室的时候，总经理停下脚步，对里面的行政部主任说：“胡主任，我马上就要出发了，你这两天思考一下那个股权分配的方案，形成文字后传给我，我在宾馆里可以先看看。”当时，我欣喜地问总经理：“难道我们公司要开始搞股权激励了吗？”总经理答：“暂不着手。”我不解，又问：“那您为何让胡主任去写这个方案呢？”总经理说：“搞是迟早要搞的。我主要是怕我不在，他太闲了，所以就找点儿事情让他做一做，算是让他提前熟悉一下。”呵呵呵，这个总经理，的确有些手段。

综上所述，管理者在进行员工管理的时候，也可以按照这样的方式，循序渐进地培养他们系统化的工作能力。比如，当你发现这个员工在工作时丢三落四的，你就可以这样建议他：“以后在做任何一件事之前，都可以先在一张纸上列出其中的要点，等做完整件事之后，你再回过头来看看有没有遗漏的地方。”这就是在培养他的框架思维能力。

如果你发现他在工作时虽不丢三落四，但在轻重缓急上把握不准，那么你就可以启发他：“这件事固然是由这些要素组成的，但是这些要素之间有没有主次关系？有没有因果关系？你先考虑清楚，然后再一步步去做。”这就是在培养他的逻辑思维能力。

如果你发现这个员工规矩有余、创新不足，你就可以对他说：“你听说过‘戴明环’吗？若没听说过，就上网查一查。然后再看看有没有其他更好的解决方案。”这样一步步地去培养员工系统化的思维能力而使之向更高的层次发展，实际上也就相当于培养他们系统化的工作能力。

我曾经要求市场部的一个年轻员工做一种用于商超的地堆，需结合我们公司牛奶产品的相关元素，如草地、奶牛、风车之类的，以期在节日期间烘托气氛、吸引消费者。当时，我的预期是在500元的范围内搞定，结果他却给我报了一个6000元的方案，还说广告公司说不这样就出不来效果。我知道，一下子就把成本从6000元压缩到500元之内，也确实会挫伤他的积极性，便说：“这样吧，你先做一个2000元的吧。若做出来以后大家看了觉得效果不错，我就跟大家说：‘很厉害啊！大家看到没？小王一下子就节省了三分之二的成本。所以以后再遇到这样的事，大家先不要急着做决定，而应该像小王一样，多想想有没有更好的方案或对策。’”

那小伙子听了，正在得意，我后面的话又跟上来了：“你要清楚，这个样板做出来以后是要批量生产的，不是只做一个就完事的，所以一定要考虑成本这一因素。那么现在，你是不是可以再动动脑筋，将成本压缩到500元以内呢？”

最后的结果是那个小伙子只用了350元就把事情搞定了。他没有让广告公司全权负责此事，而是在“淘宝”上尽可能多地把一些现成的物料采购了，剩下的那些购买不到的物料才让广告公司制作。最后，他将所有的物料汇总起来，发动办公室的员工按套组装，然后将成品快递给各个业务部。

◎ 将个人的问题转化成集体的问题

新生代员工在主观上通常都有强烈的沟通愿望，但由于他们被社会贴上了一些负面“标签”，所以他们在与长辈或领导沟通的时候，会尽可能地避免面对面的对话，以期“保护”自己。鉴于此，管理者不妨利用他们喜欢与同龄人对话的特点，通过集体的力量提升他们的自我管理水平。正如上文中谈到的那个办公室绿植项目的负责人，在把他人纳入考虑范围之内后，她便会更全面、更周密地思考问题。一个司机被前面的车辆压着一直走不动，便往往认为是前面那辆车的司机驾驶技术差，但只有指挥中心的交警知道，这是因为前方路段发生了车辆剐蹭事故，致使道路通行状况变差——这才是真正看到了问题的核心症结。所以，一个员工如果始终站在自己的角度上看问题，那么他的社会性格乃至基本性格就会在其观察与认知中起主导作用，他的视角与观点也自然流于狭隘、偏颇，而如果能够站得高一点，站在团队的高度来审视问题，那他就会变得通情达理，并倾向于通过角色意识来思考问题。

我们公司在东北的一家分公司中有一个新上任的总经理需要做转正前的考核评估，我代表公司总部对该家分公司进行全面考察。其间，我发现大家都提到了一个问题，就是这家分公司的财务经理特别难处——爱钻牛角尖，总是按照最严苛的标准来履行所有的财务条款，以致销售一线的很多员工都觉得她是分公司业务发展上的障碍。对此，这位分公司的总经理也很无奈，觉得其他的业务工作经由他大半年的努力都有了进展，唯独这个财务经理实在是“搞不定”。

于是，我最后约见了这位财务经理——一个随丈夫来东北工作的南方人，在分公司的资历比现任分公司总经理还要老。其实，她对业务人员工作的辛勤以及分公司总经理上任后的表现还是非常认可的，不过还是抱怨分公司总经理对财务工作支持、配合得远远不够。她举了个例子：上回税务局人员临时上门监察，先来到营销部门所在的楼层，但这位分公司总经理没有将此事及时向在另一个楼层办公的财务部通报，致使随后税务局人员来到财务部时，财务部人员措手不及，一部分材料也被税务局人员拿走。这次因分公司总经理的疏忽而造成的材料散佚，对分公司的财务整改工作十分不利，而她也由此对分公司总经理的综合管理能力产生了质疑，并进而在日后的工作中经常采取不合作的态度。

了解了情况之后，我建议分公司总经理平时多主动与这位财务经理进行交流，争取获得她的信任。分公司总经理却说，自己也试着进行交流了，可她就是这个脾气，所以这段时间自己只能忍着。于是，我进一步建议他以后再遇到什么问题，不妨将之提出来，在分公司层面的会议上让大家一起来商讨。“不要让这个问题变成你们两个人之间的问题。因为你若与她私下谈这个问题，那么她的社会性格与基本性格可能就会在讨论中起主导作用，并对讨论的效果产生不良影响；但若在分公司层面会议这样的大场合中集体商讨，那么财务经理就需要维护自己的职业形象，而她的角色意识也会在商讨中起主导作用，使讨论的效果达到预期目标。”

半年后，这位分公司总经理来公司总部开会，我向他问及此事，他十分愉快地告诉我，现在的情况好多了，他也学会了举一反三，对其他类似的问题都采取了这种方式来解决；而且他发现通过这种方式来处理问题，会使年轻员工的集体意识变得更强。

多给予展示的平台

◎ 什么是“周哈里窗”

心理学家鲁夫特与英格汉提出“周哈里窗(Johari Window)”模式，向我们揭示了自我认知、行为举止和他人对自己的认知之间在有意识或无意识的前提下形成的差异，并由此将其分割为四个范畴：“开放我”“盲目我”“隐藏我”“未知我”。

“开放我”，也称“公众我”，是面对公众的、自己清楚而他人也知道的部分，比如姓名、职务等公开信息。“盲目我”，也称“背脊我”，是其他人知道但自我无意识的部分，比如自己的某些优缺点、不经意的小动作或行为习惯。“隐藏我”，也称“隐私我”，是自我有意识但在公众面前隐藏起来的部分，如不愿或不能让别人知道的心理、身份、缺陷、往事、疾患等等。“未知我”，也称“潜能我”，是他人及自我都不知道的部分，通常指一些潜在的能力或特性，比如一个人经过训练或学习后可能获得的技能与知识，或者在特定时机下展现出的才干，也包括弗洛伊德提出的潜意识层面，这些都仿佛是隐藏在海水下的冰山，能量巨大却又容易被忽视。

	自己知道	自己不知道
别人知道	开放我（公众我）	盲目我（背脊我）
别人不知道	隐藏我（隐私我）	未知我（潜能我）

周哈里窗

“周哈里窗”本来是心理学领域中的一个术语，但后来被广泛应用于社会学乃至管理学领域。正如上文中提到的那个借钱的譬喻，一个人“开放我”的区域越大，大家对他的了解越多，那么他建立起来的可信度就越高，在工作中的协同性也就越强。大家有没有这样的经历？你与某个原先并无深交的同事一起出差，一周之后回到公司，你会发现你们在工作中配合得更默契了——这就很好地说明了这个问题。

回到新生代员工管理这个话题。既然新生代员工兴趣广泛、爱好多样，那么管理者就可以结合着他们的这个优点，为他们提供足够大的舞台，让他们充分地施展自己的才华、释放自己的潜能，从而拓宽他们的“公共区域”、增进他们对彼此的了解，最终使他们融入团队、明确角色意识、提高系统化的工作能力。

我曾经给一家城投公司的员工做培训，无意中发现他们公司在办一个青年员工风采展示的大型活动，便好奇地走上去看了几眼。活动现场搭了很多展台，每个展台上都陈列着出自青年员工之手的各式各样的展品：有刚烘焙出的糕点，有现场挥毫写出的字幅，有自己设计的潮流文化衫……甚至还有手工制作的德国虎式坦克模型和美国二战时的军用吉普模型，精致到连吉普车上斑驳的油漆和泥浆都被着意呈现出了。除此之外，我还听一旁的人说晚上这里还要举办青年员工才艺大赛，青年员工但凡有一技之长，无论是乐器、歌舞，抑或朗诵，都可以上台来一展风采。我觉得这就是一种不错的方式，因为通过这样的活动，员工们能看到自己的同事还有这样出彩的一面，进而对其有了更深的认知。

◎ 以兴趣激发工作热情

浙江绿城队曾经有一场事关能否重新冲入中超阵营的重要比赛。当时，大家都觉得这场球不好踢，所以我觉得，到了我这个“热血球迷”为我们浙江足球队出点儿力的时候了。于是，我把市场部和行政部的两个经理叫进了办公室，对他们说：“明天晚上的这场比赛，我们组织公司的全体员工一起观战，由公司买单。其目的主要有三个：第一，熔炼团队，搞一点积极向上、富有新意的活动，丰富员工的文化生活；第二，我们去时统一着装，展示企业风采，顺便帮公司做做宣传——在商言商，我们要有经济头脑；第三，我们要展现出一种精神——我们浙企之间的团结精神，告诉绿城队，他们不是孤军奋战。”任务布置下去后，行政部通过发邮件、下通知来组织动员，市场部则专门去准备横幅、手摇旗等宣传物料。

通知下达之后，就有一些不太和谐的声音不断传进我的耳朵里——有很多员工都不想去。多年的管理经验告诉我，能被领导无意间听到的传言绝对不是个别人散播的，能传到领导耳朵里的消息，一定早已在员工中扩散开了。但是，我对此事并没有重视起来，因为我觉得这只是一个业余活动，能去当然最好，可若真有更重要的事要处理而去不了，我也不会勉强。但到了第二天下午三点半，一个业务团队的负责人(一个女孩子)走进了我的办公室，对我说："领导，晚上的这场比赛我能不能不去看啊？"在我看来，这场比赛，领导与骨干还是要去观看的，一个业务团队的负责人都不去，这代表了什么？代表她整个团队都要散架了。于是，我就询问道："你为什么不去呀？"她对我说："我不懂足球，对足球不感兴趣，从来都不看。况且，就算我去了，意义也不大，还不如不去，还能为公司省点儿钱。"她为了不去，居然连"省钱"这样的借口都想到了。我一听就知道问题出在哪里了，便对她说："你要知道，今天晚上的活动不是看一场足球比赛这么简单的。之所以组织这个活动，我们有这么几个目的，一是建设团队，二是展示企业风采，三是声援'绿城'。当然，对你而言，这些还不是最重要的，最重要的是看台上需要你这样形象好气质佳的姑娘来为队员们呐喊助威啊。"

我这样一讲，她马上就来了兴致——她其实也是爱玩的，是个活动积极分子，这次之所以不想参加，无非就是因为不懂足球而已。于是，她当场向我表态："今天晚上，我一定会和团队中的其他员工准时出现在看台上。"说罢便高高兴兴地走了，还一蹦一跳的，一看就知道心情很好。

等她走了之后，我把行政部发的通知邮件调出来看了看——我要知道问题到底出在哪里。该通知全文如下："明晚七点半，公司将组织全体员工观看一场足球比赛，比赛双方是浙江绿城队与某某队。

对于这次活动，公司提出如下要求：一，统一着装，大家上身都穿那件印有公司 logo 的蓝色长袖 T 恤；二，明晚六点半，大家于公司大门口集合，我们一起出发。”

于是，我把之前那两位经理重新唤进我的办公室，问他们：“昨天我在给你们俩布置这项工作的时候，有没有把我组织这次活动的目的告诉你们？”他们都点头。我又问：“我是怎么说的呢？”他们便一五一十地把我昨天说的话复述了一遍。我听了，说：“很好，你们都很清楚。那么请问，你们在向员工下发通知的时候，有没有把我这初衷传达下去呢？”

现在，我们可以反思一个问题：很多管理者经常抱怨，说手下员工在工作时主动性不强、积极性不高，像算盘珠子一样，推推动动，不推不动；但是我们有没有回过头来自省一下，管理者在要求下属干这干那的时候，有没有把这些工作的目标、价值、意义详细地告知他们，让他们从内心深处认可你布置的工作，从而积极主动地去做呢？

对于刚才提到的那个小姑娘，我也可以用另外一种方式跟她讲：“你少废话，今天晚上你必须去，因为你是你们团队的负责人，不能不去。”那么我想这个小姑娘虽然最终会迫于上级施加的压力而勉强出席，但定会对我这个上司满怀怨怼——一个领导做成这样，还有什么意思呢？可现在就不一样了，这个小姑娘不但带队去了现场，而且在观看比赛时非常投入，一直在起劲儿地挥动双臂、高声呐喊，积极性和主动性完全被激发出来了。

最后，绿城队以2：0的比分力克对手，我相信这中间有我们的一份功劳，正所谓“人心齐，泰山移”！所以，管理者不用给新生代员工灌输“理想”啊、“情怀”啊什么的，也不要用关键绩效指标（KPI）什么的压制他们，只要能够向他们阐明所做工作的意义和价值，让他们认识到自己这么做是有意义、有价值的，他们就会积极、主动地投身其中。

◎ 展示方式不拘一格

在组织新生代员工参与公司的集体活动时，管理者也要注意参与的员工究竟是以本地人居多还是以外地人居多。如果是外地人居多，那么公司利用节假日组织集体活动的确可以排遣他们的寂寞；但如果是本地人居多，那么公司在节假日组织集体活动可能还真不合适。或者，管理者可以提前征求他们的意见，以便使他们事先安排好日程，尽可能与组织统一步伐，从而避免一味强制所带来的负面影响。

我所知道的一家专利申请公司，其内部就有一个有利于促进员工相互了解的非常好的机制。这家公司的领导会不定期地召集全体员工围坐在一起，在轻松的氛围中举行一次“表彰会”，即指定一个员工，让大家指出他身上的优点——既可以是为大家赞许的某个行为，也可以是他最近取得的可喜进步。之所以开这个表彰会，是因为领导们明白，当大家表扬一个人的时候，其他人也都在反思——自己在这一方面是不是没有人家做得好？为什么自己就没有受到表扬呢？然后他们就会在反思的基础上对自己的行为做出调整与改善，并期待能在日后的表彰会上受到表扬。同时，被表扬者也由此被贴上了“标签”，比如某员工被称赞为“乐于助人”，那么他日后势必会注意维护自己“乐于助人”的“人设”，从而使这一优点得以保持与发扬。

◎ 展示不仅仅针对员工

需要注意的是，所谓“多给予展示的平台”，并不仅仅意味着多给员工展示的平台，管理者同样需要充分利用各种平台进行自我展示。正如我在本书“主动对话”那一章中谈到的“集体会议”这一解决问题的形式，管理者就可以借助这种形式，不断展现自己在宏观把控上的优势，不断展现自己在系统化工作能力上的优势，不断展现自己在角色意识上的优势，将“隐藏我”和“未知我”逐渐转化为“开放我”，从而培养起新生代员工对自己的信任感与认同感，使他们自发地迎合自己的管理要求，最终使组织的管理目标得以实现。

当然，这样做的前提是管理者要不断地进行学习、充电，提高自己的理论水平与认知水平，提高自己对新生事物的认知能力与对实际问题的解决能力，只有这样，我们才能在新员工面前展示出良好的个人形象，传递正能量，从而获得新生代员工的认可与信赖。

后 记

未来已来，是属于年轻人的

最近，我妻子非常得意地给我看了一样东西，是一个在他们科室实习结束后转到其他科室的小护士写给她的一封信，随信附赠的是一枚她亲手绘制的精美书签。那位年轻人在信中写道：

亲爱的仇老师：

果然在您回来之前，我就出科了噢。说是去看您，但是西妇科的班真是走不开，气！谢谢您在我刚来科室的时候就狠狠地教育了我，哈哈哈，爱之深责之切啊！我当时太情绪化了。这也算自己的一种经历吧。在什么年龄干什么事，我想我还是不太成熟，“路漫漫其修远兮”啊。好舍不得。今天第一天上班，一脸茫然，希望有个很好的结果，自己也要继续加油，嘿嘿。虽然我转科了，但我还是会经常“骚扰”您的，不懂的地方啦、工作上的规划啦、生几胞胎啦……哈哈哈，我的话太多了。我会想您的。拜拜了，不能讲太多了，不然就暴露我话痨的本质了。

姜杰

可见，年轻人中不乏多才多艺的，年轻人中不乏懂得感恩和自我激励的，年轻人中不乏对工作与生活满怀憧憬的。他们现在正处在努力成长的阶段，所以我们不必对其过于担忧、焦虑，而是要相信社会是不断向前发展的——虽然他们现在看上去似乎还有种种不足，但未来终究是属于他们的。我们要积极地去与时代对话，因为未来值得我们期待！